DE MI MADRE LO APRENDÍ

Donated by

The
Colusa Lion's Club

2007

DE MI MADRE LO APRENDÍ

CONSEJOS PRÁCTICOS PARA MI HIJA

CRISTINA PÉREZ

THORNDIKE PRESS

An imprint of Thomson Gale, a part of The Thomson Corporation

THOMSON

GALE

Detroit • New York • San Francisco • New Haven, Conn. • Waterville, Maine • London

ALL RIGHTS RESERVED
TODOS DERECHOS RESERVADOS
Thorndike Press Large Print Spanish.
Thorndike Press La Impresión grande la española.
The text of this Large Print edition is unabridged.
El texto de ésta edición de La Impresión Grande está inabreviado.
Other aspects of the book may vary from the original edition.
Otros aspectros de éste libro podrían variar de la edición original.
Set in 16 pt. Plantin.
Impreso en 16 pt. Plantin.

LIBRARY OF CONGRESS CATALOGING-IN-PUBLICATION DATA

Pérez, Cristina.
  [Living by los dichos. Spanish]
  De mi madre lo aprendí : consejos prácticos para mi hija / by Cristina
Pérez.
    p. cm.
  ISBN-13: 978-0-7862-9084-0 ISBN-10: 0-7862-9084-6 (lg. print : hardcover :
alk. paper) 1. Conduct of life. 2. Latin Americans — Quotations. 3. Hispanic
Americans — Conduct of life. 4. Large type books. I. Title.
  BJ1521.P3418 2006
  170.89'68073—dc22   2006029221

Published in 2006 by arrangement with Atria Books,
an imprint of Simon & Schuster, Inc.
Publicado en 2006 en cooperación con Atria Books,
an imprint of Simon & Schuster, Inc.

Printed in the United States on permanent paper.
Impreso en los Estados Unidos en papel permanente.
10 9 8 7 6 5 4 3 2 1

Este libro está dedicado a
mi hija, Sofía Daniella, para
que nunca olvide sus raíces
y siempre siga el camino que
le dicte su corazón.

Y a Ray, mi admirador
número uno. Sé que velas
por mí desde el cielo.

ÍNDICE

INTRODUCCIÓN
Cuando Hollywood recurre a la tradición

*«El que es buen juez,
por su casa empieza».*

Estoy segura de que la intención original de este tradicional refrán no tuvo nada que ver específicamente con mis experiencias en un programa de televisión sobre un juzgado, pero al mismo tiempo, es realmente la descripción perfecta de mis experiencias en esa industria. Palabras tales como «tradición», «familia» y «valores» no se asocian típicamente a las tendencias que prevalecen en Hollywood. Pienso que *porque* yo represento y abogo por estos tres ideales es exactamente la razón por la que «Hollywood» me llamó.

Lo cierto es que nunca se me había ocurrido la posibilidad de una carrera en televisión y debo admitir que no estaba particularmente atraída por la idea. Jamás en la vida pensé que alguna vez estaría en la televisión. Aunque mi madre siempre insiste: «¡Yo siempre supe que estarías en la televisión!». Claro que ella pensaba así. ¿Qué madre no pensaría así de su propia hija? No obstante, mi primer trabajo en televisión, un programa en español sobre un juzgado llamado *La corte de familia*, entró en mi vida de una forma completamente inesperada.

Como abogada de inmigración, trato con varios clientes notables del mundo del deporte y del espectáculo y con sus representantes. Resulta que uno de mis clientes, un productor, trabajaba con uno de los productores de *La corte de familia*. Pronto conocí a ambos. Cuando nos encontramos, tenían un programa que transmitían localmente en Los Ángeles y estaban buscando un nuevo «juez» como anfitrión. Mi cliente y su productor me recomendaron inmediatamente para la plaza y me llamaron para probar —¡ah!, lo siento—, como dicen en la «industria», para realizar una prueba de actuación. Lo hice de mala gana y con un poco de miedo. ¿Yo, en la televisión? Para convencerme a mí misma, decidí que sería una gran oportunidad para contarles a mis hijos y nietos acerca de «mi gran prueba de actuación en Hollywood». Me encontré en medio de una prueba al lado de los abogados latinos más notables de Los Ángeles. ¡Qué tensión!, ¿no? Pero fui yo la persona a quien los productores llamaron al día siguiente. ¡Me dieron el trabajo!

Dijeron que yo les agradaba porque representaba los valores tradicionales de la comunidad latina, pero lo hacía de una forma moderna, que se conectaría con los televidentes latinos y estadounidenses de hoy día. Joven, a la moda y moderna, aunque tradicional y moderada, yo representaba a todas las generaciones por igual. Era una combinación andante, parlante y de enseñanza de ambos mundos.

Grabar un programa de televisión sobre un juzgado fue verdaderamente una aventura y un desafío para mí. El programa era en español y, como ya sabes ahora, yo siempre bromeaba diciendo que era «mitad y mitad», que era 50/50 inglés y español. El hecho es que quedé atrapada entre dos mundos, y los dos idiomas se emplean en el programa televisivo, en ocasiones con humor. Por ejemplo, la única palabra con la que tenía dificultades de forma constante frente a las cámaras era «veredicto». Imagínate que es la única palabra que un juez debe saber cómo decir y que dice muy frecuentemente, y yo parecía que no podía decirla bien cuando las cámaras estaban grabando. Por supuesto, si apagaban las cámaras yo podía decir la palabra «veredicto» una y otra vez, sin parar. ¡Supongo que padecía de un caso inusual e inoportuno de miedo escénico!

Grabamos el programa local para Los Ángeles durante un año, antes de que una estación internacional lo comprara, con lo que se logró la «promoción» de la televisión local a la internacional. ¡Bastante bien para una novata, eh! Aun con este reconocimiento recién logrado en mi carrera, me sentía complacida, y estoy segura de que mi familia lo estaba también al notar que no cambié como persona. Por supuesto, mi personalidad «en cámara» era a veces una versión exagerada de mí misma. La televisión siempre demanda algo más exagerado, así que lo que yo tenía que hacer era aumentar el volumen de mi ya amplificado «carisma latino». Después de todo, si cambiaba algo sobre mí misma, que no fuera solamente el color de mi esmalte para uñas, ¡mi madre habría venido sin titubeos a mi juzgado de TV para recordarme de una vez nuestros valores familiares!

Durante mis más de cinco años en *La corte de familia*, descubrí un aspecto de la industria del espectáculo del que disfruto y que brinda mucha autoridad. He encontrado que mis seguidores hispanoparlantes son como una extensión de mi familia. Cuando mis admiradores se encuentran conmigo, son respetuosos y me dicen: «¡hola!», como si me conocieran desde hace años. El poder de los medios de comunicación —la televisión y la prensa— es asombroso. ¿Hay otra forma mejor de llegar a tu comunidad que aparecer cada día en una pequeña caja electrónica en la sala de estar, hablándoles a los televidentes en su propio idioma? Trabajar en los medios me da la habilidad de defender lo que es importante para mi comunidad. Tengo una responsabilidad con mi cultura —reconozco que no más mostrar mi cara en la televisión, soy instantáneamente una mensajera para la comunidad de personas que represento.

Al terminar de escribir este libro, estoy filmando un nuevo programa sobre un juzgado que se llamará *Cristina's Court*, para la estación estadounidense FOX. La historia de cómo esto llegó a realizarse es notablemente similar a la historia de cómo *La corte de familia* llegó a mi vida. Mi agente me presentó a un director de televisión que buscaba una nueva «jueza» latina. Mientras almorzaba con ese director y nos conocíamos, súbitamente tuve una revelación admirable. Ese hombre, ese desconocido al otro lado de la mesa tenía exactamente los mismos valores que mi padre. Tenía la misma calidez, sinceridad y fe en mí que mi padre siempre había tenido. Por supuesto, nos llevamos bien enseguida. El director me presentó a la estación FOX, y al igual que a la estación con la que trabajé años atrás, a ésta le agradó lo que yo represento. Ellos vieron inmediatamente que soy una latina tradicional, sin dejar de estar conectada a la cultura típica estadounidense.

En otras palabras, la identidad que me inculcaron mis padres cada día de mi vida, aún resplandece, tan brillante como siempre. Entré a esa estación de televisión siendo yo misma, de la forma que mis padres me educaron. Permanecí fiel a mí misma, viviendo de acuerdo a los dichos y a todas las restantes tradiciones culturales y valores que aprendí de mi madre y de mi padre. Eso era exactamente lo que esos «implacables» ejecutivos buscaban.

■ ■ ■ ■

PRIMERA PARTE: DEFINICIÓN DE LOS DICHOS

■ ■ ■ ■

CAPÍTULO UNO
DE MI VIDA PARA TU VIDA

«No hay boca donde no esté,
ni lengua ni país que desconozca,
ni sabiduría que lo sustituya».

—*Luis Acuña*

APRENDER, TENER ACCESO Y VIVIR DE ACUERDO A LOS DICHOS

Lo primero que debo de aclarar es que no soy una experta, ni una doctora, ni una terapeuta. Sencillamente soy una mujer, una madre, una esposa y una profesional que vivo y aprendo de mis propias experiencias; de mi vida y de mis errores, así como de las lecciones que he aprendido de mi familia y de mi cultura. Este libro es una especie de guía, inspirada en mis vivencias (¡desde las relaciones sentimentales y la familia, hasta el trabajo y temas relacionados con la identidad, pasando por otras muchas experiencias

17

acumuladas!). Mi intención es cubrir cada una de las lecciones, repasando todos los aspectos de la vida que aprendí de mi madre y que ahora le estoy traspasando a mi hija. Espero que madres e hijas de todas partes puedan encontrar algo en este libro que les enriquezca la vida y que perdure como legado para sus hijos.

Lo que bien se aprende, nunca se pierde.

Para que una cultura perviva en el tiempo, sus partícipes deben ejercer una curiosidad activa para conservar cada hilo conductor de la transmisión cultural. Tanto los jóvenes como los más ancianos constantemente deben aprender cosas nuevas, tener acceso y vivir de acuerdo a sus raíces, para que éstas se renueven con las generaciones que toman el relevo. Cada cultura tiene sus propios mecanismos para el traspaso de esta sabiduría de generación en generación.

En la cultura hispana, los dichos sirven de puente intergeneracional al establecer reglas de convivencia que se pasan de una generación a otra. En resumen, cada uno de ellos transmite un mensaje de peso, un valor o una creencia. Los dichos se emplean para señalar algo y enseñar una lección relacionada con la vida. Estos proverbios tienen el poder de ilustrar vivencias con ejemplos y, a la vez, validar las tribulaciones que conlleva la vida. Es decir, sirven de lecciones profundas que aprendemos de nuestros mayores. Cada uno de estos dichos incorpora la astucia acumulada por generaciones pasadas. En suma, son instrumentos útiles para la vida cotidiana y para el mañana. Los dichos son la historia traducida en palabras.

Hoy en día, circulan miles de dichos (algunos humorísticos, otros serios y los hay ilustrativos de determinadas naciones). Cada uno de ellos encierra un particular significado, que generalmente es universal y se puede traducir a otras culturas.

Los dichos suministran mensajes de esperanza, de dirección y de guía cuando los necesitamos. Cuando un hecho o verdad fundamental se nos escapa, los proverbios nos reconducen por el buen camino. Cuando nos enfrentamos a retos de la vida, los dichos pueden conferirle claridad y dirección a una situación determinada.

Por estas y otras muchas razones, los dichos son las reglas por las que vivo día a día.

«De tal palo, tal astilla».

Este dicho es equivalente a los proverbios anglosajones «La manzana no cae lejos del árbol» o «De tal padre, tal hijo». Mis padres emigraron de Colombia a Estados Unidos en los años sesenta. Lo único que poseían cuando llegaron a este país, era la compañía del uno al otro y el sueño de una vida mejor para ellos y sus hijos. Mi padre provenía de una familia numerosa (treces hermanos), con pocos recursos. De hecho, mi abuela paterna tuvo veintidós embarazos. Mi madre también tenía una prole de once hermanos y hermanas. Se puede decir que mi familia es el vivo retrato de «La gran familia latina».

Como tantos otros inmigrantes, poco después de casarse, mis padres decidieron establecerse «temporalmente» en Estados Unidos. Su plan inicial era trabajar y ahorrar dinero para que, en un futuro, mi padre pudiera estudiar medicina y regresar a Colombia. Cuarenta años después, mi familia sigue aquí.

LA HISTORIA DE DARÍO

El sueño de mi padre era ser doctor como un tío suyo en Colombia, para el que había trabajado cuando era joven. Como dice mi padre, Estados Unidos es «la tierra de las oportunidades». Así que mi madre y él llegaron al Bronx, Nueva York, en 1963. Habían llegado a una tierra en la que no tenían ni un solo conocido. Pensaban quedarse seis meses y encontrar trabajo. Si mi padre no lograba su objetivo, entonces habrían de regresar a casa.

Mi padre, que había realizado estudios, buscó trabajo en todas partes. Su conocimiento del inglés no era el mejor, pero sabía defenderse. Sin embargo, nadie parecía tener un puesto disponible para él. Mi padre recuerda que los patrones lo descartaban al verlo o al escucharlo hablar. Decidió recurrir a agencias de empleo que tampoco lo ayudaron. Finalmente, halló trabajo como conserje en el departamento de mantenimiento de un hospital. Dicho centro sanitario estaba a una hora y media del Bronx. Mi padre entonces ganaba cincuenta dólares a la semana y gastaba al menos un tercio de su paga en transporte al trabajo. Debido a lo costoso que resultaba el traslado, se vio obligado a vivir en los dormitorios del hospital. Mi padre visitaba a mi madre solamente los fines de semana. En aquel entonces ella estaba embarazada de mi hermana.

Pasado un tiempo, mi padre decidió que necesitaba un empleo mejor y durante treinta días paseó las calles arriba y abajo en busca de trabajo. Al final lo encontró en una compañía de relojes, en Manhattan, y pudo vivir de nuevo con mi madre. En esta ocasión buscó un barrio más seguro en Queens. Durante cinco años, mi padre trabajó para esta compañía en una cadena de ensamblaje de piezas. Fue en esa época cuando dicha compañía firmó un contrato con el gobierno de Estados Unidos para fabricar, entre otras cosas, temporizadores para las «bazukas» que estaban enviando a la guerra de Vietnam.

En la fábrica, los otros empleados que llevaban allí mucho tiempo discriminaron a mi padre. Los ensambladores más veteranos se sentían cómodos en su ambiente, y el que producía más número de piezas era admirado por todos como el «semental» del centro laboral. Estos experimentados obreros percibieron la llegada de mi padre como una amenaza, tal vez porque este prometedor cirujano era excepcionalmente diestro con las manos y trabajaba a gran velocidad. Les resultaba más fácil discriminarlo por temor, que apoyarlo porque su labor hacía al equipo más efectivo. En vez de respetarlo por su buen quehacer, se burlaban de él porque ensamblaba demasiadas piezas. Lo reprendían diciéndole cosas como: «¡Claro que tiene que trabajar rápido! No puede hablar inglés bien, así que no tiene nada mejor que hacer». Mi padre nunca se lo tomó a pecho, porque sabía que ese trabajo no era para siempre. Lo cierto es que se sentía afortunado por tener un empleo y lo veía como un paso más hacia delante. Además, comprendía que, en cambio, para esos hombres la vida se limitaba a ese trabajo. No obstante, fue tanto lo que sus compañeros lo molestaron por ser el «novato», que finalmente su supervisor le dijo: «No te preocupes por estos bromistas. Si eres capaz de hacer más piezas que los demás, hazlo, porque pagamos por pieza ensamblada. Supérate a ti mismo». El asunto se resumía en que cuantas más piezas producía, más dinero llevaba mi padre a casa. El pago consistía en $1.79 por cada mil piezas. El trabajador promedio hacía de mil a mil doscientas piezas por hora. Él era consciente de que debía destacarse para sacar adelante a una familia que aumentaba (mi hermano ya había nacido) y para, de alguna manera, cumplir su sueño de llegar a ser cirujano. Mi padre llegó a producir dos mil trescientas piezas por hora.

Decidió alternar su jornada laboral con estudios a tiempo completo en la Escuela de Medicina de Manhattan, con el propósito de sacar el título de técnico de laboratorio. Tras graduarse, y finalmente con las credenciales necesarias en su poder, pudo acceder a empleos mejor remunerados en distintos hospitales en la ciudad de Nueva York. Con el tiempo, llegó a ser supervisor del laboratorio en un banco de sangre.

En aquellos tiempos, el principal objetivo de mi padre era trasladar a la familia a un barrio mejor, en el que hubiera un ambiente más apropiado. Después de que le dijeran una y otra vez que no tenía los medios para hacerlo, y con una cuenta corriente en la que sólo había cincuenta dólares, finalmente nos mudamos, y mi padre compró su primera casa en Bethpage, Nueva York. Me llegó a contar que mientras más le advertían que no podría hacerlo, más se empeñaba en lograrlo. Mi padre pidió todos los préstamos que pudo y durante los próximos cinco años alternó dos trabajos de jornada completa con uno de media jornada, hasta que terminó de pagar sus préstamos. Simplemente, trabajó y trabajó a destajo, proveyó para la familia, pagó sus deudas e, incluso, consiguió ahorrar para la escuela de medicina.

Según mi padre, había trabajado lo suficiente y había llegado el momento de obtener el título de médico. Tuvo una revelación: «Vine a Estados Unidos a encontrar trabajo, ganar dinero y cumplir mi sueño de ser médico». Lo más simple habría sido conservar de por vida los trabajos que le permitían pagar las cuentas, mantener la familia y poco más. Pero se hizo la siguiente pregunta: «¿Por qué vine a Estados Unidos?». Temía abandonar sus sueños a cambio de la comodidad diaria. ¡Basta! Había llegado la hora de luchar por ese objetivo.

Con una familia de cinco que atender, resultaba económicamente imposible cursar los estudios de medicina en Estados Unidos. A principios de los años setenta, mi padre solicitó el ingreso en las facultades de medicina de Guadalajara, México, y de Salamanca, España. Resultaba más económico mantener a la familia en el extranjero, mientras estudiaba a tiempo completo. La opción de España no era viable porque los costos del viaje lo dejarían sin un centavo. Por ello, se decidió por la Universidad Autónoma de Medicina de Guadalajara (México). Se trataba de una facultad vinculada a la Asociación Médica Estadounidense. Atravesamos el país desde Nueva York hasta México para que mi padre pudiera ir a la universidad.

En poco tiempo, mi padre había recorrido de un extremo al otro el panorama laboral: desde obtener una paga decente en un trabajo que no le satisfacía, a no tener salario alguno; pero a cambio de ver cumplido su sueño de estudiar medicina. Ahora bien, imagínate la situación. Mi padre era un estudiante que tenía algo de dinero de los préstamos obtenidos para sus estudios, pero no tenía un trabajo con que mantener a tres niños de menos de doce años y a una esposa. ¿Cómo pudieron salir adelante mis padres? Muy sencillo: durante las vacaciones y días feriados, tanto si se trataba de una, dos semanas o el verano, mi padre conducía o volaba a los Estados

Unidos para trabajar y ahorrar dinero, que luego llevaba de regreso a México. A veces lo acompañábamos en esos viajes.

Mi padre consiguió graduarse de médico a finales de los años setenta. Pero debo decirte, querido lector, que no es que simplemente recibiera un título. De los novecientos estudiantes de su promoción, se graduó con los más altos honores. Recuerdo la ceremonia. El enfado de mi hermano porque no quería ponerse una pajarita y se negaba a ir a la graduación. Recuerdo estar en la primera fila con mi familia, en un salón de actos con más de dos mil personas. Me sentía especial. Pude ver cómo mi abnegada madre observaba a mi padre cuando éste llegó a la tribuna con gesto de orgullo y de humildad a la vez. Para ser sincera, no recuerdo lo que mi padre dijo entonces. Sólo puedo imaginarlo. Pero, cuando ahora rememoro ese acontecimiento, me doy cuenta de que ese momento fue definitivo en mi vida.

Bien, ahora pensarás que mi padre ya había conseguido su sueño, pues ya era un médico y un hombre con una educación superior. Entonces, seguro que pudo conseguir trabajo en cualquier sitio, ¿no es cierto? ¡Nada más lejos de la verdad! A su regreso a Estados Unidos como un graduado de otro país y, además, extranjero, se enfrentó a otras formas de discriminación. La comunidad médica estadounidense considera que el entrenamiento y la educación que reciben los doctores extranjeros son inferiores a los de los médicos entrenados en Estados Unidos.

Para compensar esta percepción de «inferioridad», después de graduarse de la facultad de medicina, a mi padre le exigieron que completara dos años de «servicio social». Lo aceptaron en un prestigioso hospital de Tijuana, en México. Nos mudamos de nuevo, pero esta vez nos instalamos en unas viviendas para familias de bajos ingresos, en San Ysidro, California. En aquellos tiempos, era una comunidad que estaba en plena fase de desarrollo. San Ysidro está situada en la parte más al sur de San Diego, a un paso de la frontera con México. Este tramo es considerado el paso fronterizo con mayor movimiento humano del mundo. En aquel entonces, San Ysidro tenía una gran diversidad étnica y hoy en día es una comunidad multicultural. Durante los dos años que pasamos allí, conocimos a todo tipo de personas. Fue particularmente interesante, porque entramos en contacto con una cultura que era mitad estadounidense y mitad mexicana.

Mientras trabajó en aquel hospital, mi padre tuvo que alternar su horario de médico interno (habitualmente hacía guardias de hasta cincuenta y ocho horas seguidas), con la preparación de exámenes y el sustento de la familia. Además de sacrificar su vida familiar para poder ejercer de médico internista, tenía que trabajar en Tijuana, al otro lado de la frontera. Debido a su apretada agenda y a los traslados, sólo nos veía cada cuatro días. Para él era una vida solitaria, pero lo consolaba el hecho de que la familia permanecía unida. Mi padre dice que, aunque la experiencia fue difícil, le resultó fructífera porque pudo trabajar en todas las facetas de la medicina. En conjunto, le sirvió para comprender que su verdadera vocación era la de cirujano.

Después de dos años de servicio en México, un prestigioso hospital de la costa este lo aceptó para que completara allí su residencia como cirujano. Una vez más, nos mudamos. Desde el principio, el jefe de cirugía le puso a mi padre piedras en el camino y él, a su vez, tuvo que enfrentarse constantemente a las trabas. Aquel hombre, como tantos otros entonces, probablemente pensaba que un extranjero graduado en el exterior no estaba lo suficientemente calificado para triunfar en Estados Unidos. O simplemente, el problema radicaba en que mi padre era un forastero. Recuerdo cuando mi padre llegaba a casa con la autoestima por los suelos. Podía adivinar en sus ojos el sentimiento de frustración e indignación. Veía la desilusión dibujada en su rostro y la podía escuchar en el tono de su voz. A pesar de haber vencido todos los obstáculos, no le reconocían su potencial. Se limitaban a percibirlo como a un extranjero. Primero que nada, era un inmigrante y en segundo lugar, un médico. No puedo dejar de pensar que si a mi todavía hoy este recuerdo me sacude, ¿cómo debió de afectarle a mi padre? ¿Qué sentía en sus entrañas y en su corazón?

El tiempo ha demostrado que los extranjeros graduados de medicina se han destacado en todas las especialidades. Incluso, han superado los logros de sus colegas estadounidenses. Mi padre sobresalió en Hartford y llegó a ser nombrado jefe de los residentes. De hecho, y para disgusto del jefe de cirugía, fue elegido como el mejor «profesor residente» por los estudiantes de medicina de la Escuela Médica de la Universidad de Connecticut.

A mi padre le tomó casi veinte años hacer realidad su sueño de ser cirujano, y lo hizo obteniendo los honores más altos como licenciado del Consejo Estadounidense de Cirujanos. Con sus diplomas, su educación, su experiencia (y lleno de satisfacción), a mediados de los ochenta nos trasladó a un barrio residencial en Los Ángeles. Allí estableció su práctica privada en Glendale, California, donde todavía ejerce como médico. Siempre ha estado al tanto de los últimos avances, con el propósito de mejorar sus conocimientos y habilidades médicas para obtener logros en el camino. Por ello, mi padre se ha ganado la estima y el respeto de la comunidad médica, de sus colegas, sus pacientes y su familia.

Con la ayuda de mi padre, su apoyo y ejemplo a seguir, nueve de sus hermanos y hermanas consiguieron emigrar a Estados Unidos. Como me dijo uno de mis tíos: «El esfuerzo titánico que tu padre hizo para establecerse en Estados Unidos y llevar a cabo un sueño, ha sido y será el legado que define a esta familia».

LA HISTORIA DE ARACELLY

Aunque similar a la de mi padre, la experiencia de mi madre fue diferente en muchos aspectos. Tal y como lo recuerda, desde el punto de vista emocional, su traslado a Estados Unidos representó un reto. Mi madre no conocía a nadie y se sentía sola. Como era de esperar, al principio casi siempre lo estaba porque mi padre debía trabajar. También se sentía frustrada por no dominar suficientemente el inglés para poder comunicarse. Su frustración también tenía que ver con que

no estaba familiarizada
de Estados Unidos, su c
nes. Un sentimiento qu
frío terrible en inviern
medos veranos de N
madre temía por el

El primer barrio
mis padres en Nu
madre estaba embaraza
piso de un edificio de apartam
vador. Al principio, sólo veía a mi pa
fines de semana. De aquella época recuerda
el ruido de las sirenas y que, por momentos,
creía que iba a volverse loca. Mi madre ha
reconocido que hubo ocasiones en las que
pensó en regresar a Colombia y esperar a mi
padre allí. Pero al final se preguntaba cómo
iba a hacer una cosa así, cuando había hecho
la promesa de estar junto a él en lo malo y
en lo bueno. Se había casado con mi padre
con la bendición de Dios, bajo la ofrenda de
ser una esposa buena y dedicada. ¿Cómo iba
a dejar a su marido solo? Precisamente, su
amor y dedicación a él la habían ayudado
a superar muchos de los malos momentos.
Estaba intentando emular el ejemplo de su
madre. El sacrificio que mi madre hizo por
mi padre y por la familia también se debió a
su formación religiosa y a la educación que
recibió. Para ella, la familia viene primero,

lo demás. Y fue esta creencia
o de guía en los momentos más
madre antepone a sus intereses
y metas de su esposo. Parece de-
buena para ser de carne y hueso,
d? Deberías conocer a esta mujer.

co después, mi madre se matriculó
clases de inglés, para ocupar su tiempo
ientras cuidaba de nosotros. Por supuesto que habría podido trabajar, pero, ¿quién
iba a encargarse de los niños? ¿Quién iba a
tener la casa lista y arreglada cuando llegara
su marido? ¿Quién le iba a preparar la cena
tras un largo día de trabajo? Para ella, eran
cuestiones vitales entonces y siguen siéndo-
las hoy en día. Consciente de que a mi padre
le tomaría tiempo hacer realidad sus sueños,
mi madre sabía que debía ser paciente.

Le resultó más fácil la vida en Guadalajara.
Según me ha contado, allí se sintió de nuevo
en casa. Podía relacionarse fácilmente con la
gente, la cultura, las tradiciones y el idioma.
En el Bronx, por lo contrario, le costaba hacer
amigos porque todo el mundo siempre parecía estar ocupado. De pronto estaba rodeada
de estadounidenses, para quienes el inglés
era la lengua materna, mientras que para
ella aún no era ni su segundo idioma. Todos
estaban demasiado atareados para conversar
con ella y no le prestaban atención, porque

su acento era fuerte y su comprensión del inglés aún era endeble. Mi madre cuenta lo infeliz que se sentía en Estados Unidos, embarazada y sin familiares con quienes charlar. En aquel entonces, su madre y sus hermanas estaban en Colombia y las llamadas telefónicas eran un lujo inalcanzable. La barrera del lenguaje la mantenía aislada y le impedía hacer amistades. Hubo momentos en los que sintió que se ahogaba en un aislamiento cultural y, desde el punto de vista emocional, le resultaba difícil preservar su salud mental. Sin duda, su estancia en el Bronx fue todo un reto para ella, mientras que Guadalajara fue su segunda casa.

En Guadalajara, mi madre pudo trabajar media jornada traduciendo documentos para los estudiantes de medicina. Pero, para ella, su principal responsabilidad era cuidar de su esposo, de sus tres hijos y del hogar. Los amigos de mi padre siempre visitaban nuestra casa. Allí siempre había visita y todo el mundo era recibido con los brazos abiertos. No hay que olvidar que mi padre era el mejor estudiante de su promoción y, además, era un magnífico compañero de estudios. A pesar de que a mis padres no les sobraba nada, siempre había un plato de comida caliente para los que acudían a estudiar o simplemente venían de visita. Mi madre solía decir:

«Donde hay comida para uno, hay para dos, tres, cuatro...».

Muy pronto, la «Casa de los Pérez» se convirtió en el lugar de encuentro de los estudiantes de medicina. Una vez le pregunté a mi madre si eso le resultaba una carga. Ella me respondió: «No, al contrario». Le encantaba la compañía y el poder apoyar a mi padre de cualquier manera, ya que se trataba de momentos muy «preciados» para él. Según ella, lo que atraía tantas visitas era la personalidad de mi familia.

Mi madre me cuenta, además, que durante más de once años mi padre se «ausentó» de la familia. Ella podría haber optado por el enojo, la protesta o la rebelión, pero no lo hizo. En sus propias palabras, mi madre no podía ser egoísta y pensar en sus intereses. Su objetivo era facilitarle las cosas a su esposo, para que él pudiera llevar a cabo su sueño. En aquellos tiempos esa era su misión. Mi padre trabajaba mucho y muy duro para ser un médico y darnos una mejor vida. Desgraciadamente, no pudo disfrutar de nosotros mientras crecíamos y nos hacíamos mayores, porque siempre estaba trabajando o estudiando. Aun así, mi madre fue capaz de criar tres hijos, a la vez que les inculcaba la presencia del padre en el hogar. Nunca nos permitió olvidar nuestra identidad como familia. Tal y como me lo ha contado, mi madre se apoyaba en la fuerza y la sabiduría que su madre le había transmitido.

Hoy en día mi madre reconoce que, como pareja, corrieron el riesgo de alejarse el uno del otro hasta llegar a separarse. Por esa razón, mi madre procuró mantener la comunicación con mi padre, cuidando de él y de su familia. Fueron la fe y la confianza que tenía en él, así como su noción de la familia, las que le dieron fuerzas. Pero lo más importante y lo que la animó hasta el final fue el amor que sentían el uno por el otro. Teniendo en cuenta las circunstancias, mi madre hizo lo mejor que pudo. Mientras veía lo duro que trabajaba mi padre, siempre supo en el fondo de su corazón y guiada por sus profundas creencias religiosas, que al final todo saldría bien. Siempre la acompañó la certeza de que sus sueños iban a cumplirse.

Una vez le pregunté a mi madre qué significaba para ella el «sueño americano». Me contestó que consistía en que mi padre fuera un cirujano y en que sus hijos tuvieran una buena vida, en la que pudieran hacer realidad sus sueños. Mi madre nos educó de la única manera que ella sabía hacerlo. Es decir, de la misma forma en que su madre y su padre la formaron: con valores y tradiciones sólidos. Por ejemplo, mi madre siempre quiso que el español fuera el primer idioma de sus hijos. Me ha hecho saber que no está (ni nunca estuvo) avergonzada de ser latina. A pesar de su fuerte acento, se hacía entender entonces y ahora. Para mi madre, era de suma importancia mantener viva nuestra cultura en la familia.

EL LEGADO DE LOS PÉREZ

Mis padres sacaron adelante a la familia a fuerza de tesón y mucho trabajo. Nos permitieron desarrollar una identidad nueva en un país nuevo. Y, aún más importante, nos abrieron las puertas a mejores oportunidades educativas y a una calidad de vida superior. Mi vida ha sido (y sigue siendo) muy rica, de muy diversas maneras. En la búsqueda por una existencia mejor, nuestros padres nos llevaron a mí y a mis hermanos a vivir en distintas ciudades y nos enseñaron a respetar a los demás como si fueran parte de nuestra familia. Quién me lo iba a decir, que este hecho, junto a los dichos que aprendí de mi madre y que escuché de niña, acabarían por ser mis regalos más preciados y mi guía.

Gracias a mis padres llegué a vivir en los barrios con mayor diversidad étnica del país. Conocí todo tipo de modos de vida, culturas y los distintos problemas que surgían en estas comunidades. Pero lo que experimenté con mayor profundidad, fue la amplitud de mente y la honestidad que mi familia nos proporcionó. Algo de lo que también hicieron partícipes a los amigos y conocidos, sin tener en cuenta el componente étnico o económico de cada uno de ellos.

Pude ver cómo mi padre llevaba a cabo su sueño y a la vez cuidaba de su familia, mientras servía a los demás como médico. Hasta el día de hoy, vela por sus pacientes para que éstos tengan una vida larga y saludable y jamás se ha negado a atender a alguien porque no haya tenido dinero o seguro médico. Mi padre se ha preocupado por que la administración gubernamental y médica pertinente supliera medicamentos a la comunidad. Durante veinticinco años vi a mi padre hacerlo día tras día, sin esperar nada a cambio. Ni tan siquiera que le dieran las gracias.

La historia de mi padre es lo que me inspiró a hacer realidad mis sueños. Fui testigo de cómo mi madre nos apoyó, tanto a sus hijos como a mi padre, en tiempos difíciles. La historia de mi madre es lo que me motiva a no darme por vencida nunca y a seguir adelante. Su esfuerzo incansable y desinteresado me ha proporcionado las lecciones más importantes y vivo de acuerdo a estos preceptos.

Cuando mi madre era joven, era una bella mujer que, irónicamente, quería ser abogada. Sin embargo, no pudo ser así porque, al ser la mayor de sus hermanos, tuvo que encargarse de cuidarlos y criarlos.

Cuando le pregunté a mi padre qué era para él el «sueño americano», me contestó: «Es muy simple. Es la oportunidad de trabajar, de sacar adelante a mi familia y de que mis hijos tengan la mejor educación posible». A esto añadió: «Lo que uno puede lograr en este país, no se consigue en ninguna otra parte del mundo».

En mi caso, puedo afirmar que estoy viviendo el «sueño americano». Agradezco que, por medio de diversas circunstancias (y a pesar de las opciones limitadas), mis padres integraron nuestra cultura como un elemento necesario para llevar a cabo este sueño. Nuestra cultura no fue un obstáculo para triunfar en Estados Unidos. Al contrario, fue necesaria y de suma importancia para facilitar nuestra asimilación.

Creo que nuestra cultura debe prevalecer dentro del conjunto del «sueño americano». Por ello, pienso que es de vital importancia que les enseñes a tus hijos a aprender, tener acceso y vivir de acuerdo a las tradiciones de tu cultura propia, e incluir, en la medida de lo posible, el idioma. Creo que debemos estar orgullosos de cada aspecto de nuestra dinámica cultura y de nuestra educación.

Constantemente escucho decir que los latinos somos los mejor parecidos y los mejores bailarines. Que tenemos la mejor cocina y que nuestras fiestas son de antología. ¡También somos los más ruidosos de la cuadra! Además, tenemos la singularidad de emplear dos idiomas en una conversación. Soy afortunada porque mi primer idioma es el español y aprendí el inglés cuando tenía unos diez años. Sin embargo, me propuse perfeccionar ambas lenguas.

Mi esposo es puertorriqueño de segunda generación. Sus padres eligieron que no aprendiera español, porque pensaron que sus hijos tendrían más oportunidades si el inglés era su primera lengua. Ahora bien, ¿acaso el hecho de que no hable español lo hace menos latino o huérfano de una cultura propia? No lo creo. De hecho, cuando conocí a Christopher me sorprendió lo mucho que le importaban los derechos de su comunidad. Poseía la misma pasión que consumía a mis padres. Compartíamos la misma ambición y la indignación por las injusticias que se cometen contra nuestra gente. Christopher me hizo reflexionar sobre mis propias convicciones.

La cultura forma parte de lo que en el interior nos define como individuos. Es decir, es un componente de nuestra esencia. A pesar de que nuestras experiencias han sido distintas, mi esposo y yo compartimos muchos de nuestros valores, principios, pasiones, expectativas y vivencias. A ambos nos encanta la conversación y somos sociables. Incluso, a veces, él puede ser muy gritón. Tanto si se trata de la familia, de los negocios, la ética de trabajo, la amistad o la comida, lo cierto es que compartimos muchas de las mismas tradiciones. ¡Mi marido puede irrumpir en un lugar y tomarlo por asalto! Es dinámico de la manera en que sólo puede serlo un hombre latino. Soy consciente de que la cultura que compartimos nos une y que al principio eso fue lo que nos atrajo el uno al otro. ¡Bueno, debo decir que Christopher es bien parecido!

Tal y como fueron los hogares en los que crecimos, ambos queremos que en nuestra casa entren y salgan los amigos de Sofía. En mi caso, siempre fue más bien divertido, pues todas las amistades que no eran de origen hispano querían pasarse el día en casa de su amiga latina. Yo creo que se debía al encanto del español, al ambiente divertido, a nuestro sabor y nuestra comida.

Me siento honrada cuando me piden que dé conferencias en distintas partes del país para hablar, no sólo de temas de inmigración, sino como en este libro, de vivencias personales. Y se lo debo a la educación que me dieron mis padres y a su legado. Si lo comparo a los logros de mis padres, no creo que yo haya hecho lo suficiente. Siempre hay algo más que aprender y algo más que hacer por los demás.

Hoy en día estoy más segura que nunca de mí misma, de mi identidad y de mis objetivos. Se lo atribuyo a los años y a la experiencia. Pero, además, creo que es algo que corre en la sangre. Siempre puedo decir que soy capaz de hacer lo que me proponga porque «tengo la sangre de una mujer latina. Tengo la sangre de mi madre». Por eso, cuando la gente me pregunta: «Cristina, ¿cómo consigues hacerlo todo?», le contesto con el dicho más apropiado: «De tal palo, tal astilla». Estas pocas palabras han sido mi secreto y mi inspiración a la hora de saber que puedo triunfar en lo que sea, si me lo propongo. Se trata de un legado que iniciaron mis padres y que deseo continuar.

Mi deseo para ti

Irás descubriendo que este libro, al igual que mi vida, está basado en las sólidas enseñanzas y lecciones que he aprendido de los dichos y la sabiduría popular que mi familia me ha transmitido. He elegido servirme de los dichos, porque son un vehículo simbólico de conceptos relativamente sencillos que me han guiado en ciertas situaciones de mi vida.

Cada capítulo incluye dichos simbólicos que son relevantes al mismo. En él, incluyo la interpretación que hago de cada uno de ellos, la aplicación que tienen en la vida y cómo tú, estimado lector, puedes aprovechar estos dichos para mejorar tu vida. Lo que aporto es la moraleja que encierra cada dicho.

Con este libro, quiero homenajear la cultura latina y, además, el papel que la mujer desempeña en ella. También es una celebración de tu propia cultura y de tu papel dentro de esta tradición. Aunque hablo de mi cultura desde mi corazón, espero que mis lectores puedan identificarse con sus respectivas culturas y hallar su propia inspiración y lecciones aplicables a sus vidas y sus tradiciones. Mi intención es abordar muchas preguntas que me han hecho: ¿Cómo, siendo latina, has podido triunfar en un mundo de hombres? ¿Cómo me he ganado el respeto en un mundo bilingüe? ¿Cómo puedo compaginar con éxito mi familia y mi profesión? Siendo latina, ¿cómo he podido asimilarme en Estados Unidos? Pero quiero que sepas que este libro es para todos, independientemente de la raza, sexo o edad.

Hoy, más que nunca, parece que los jóvenes latinos (mujeres y hombres) reniegan de su cultura. No sólo la sociedad, en general, cuestiona quiénes somos, sino que nosotros mismos nos preguntamos qué significa realmente ser latino en Estados Unidos. Nos esforzamos tanto por ser aceptados por la «media» estadounidense, que acabamos por olvidar y sacrificar lo que nos hace únicos: nuestra cultura y nuestra singular identidad. Buscamos en otros la inspiración y la dirección, cuando deberíamos fijarnos en nosotros mismos, en nuestros padres, nuestros antepasados y nuestras tradiciones culturales.

Mi deseo es, por medio de este libro poder enseñar, guiar e infundir orgullo, sobre todo a los más jóvenes. La clave para triunfar en todos los niveles, radica en permanecer vinculados a las valiosas lecciones que nos ofrece nuestra cultura. Y esto se consigue cuando aprendemos, tenemos acceso y vivimos de acuerdo al conocimiento que encierran estas lecciones. Las respuestas a las preguntas que constantemente nos hacemos se encuentran en el interior de cada uno de nosotros. Lo que nos define es nuestra identidad, nuestra cultura y nuestras tradiciones, valores que no debemos sacrificar a ningún precio. Recuerda que, como me dice mi madre y yo le diré a mi hija: «Lo que bien se aprende, nunca se pierde».

CAPÍTULO DOS
UN TAPIZ DE TRADICIONES

*«Más vale malo conocido,
que bueno por conocer».*

La fascinación que produce una cobija de retazos de la familia se encuentra en la historia particular de cada retazo, a medida que la cobija pasa de generación en generación. En el momento en que se relata la historia de la cobija, el joven que escucha, comprende de pronto que el significado de la manta va más allá del detalle de los hilos y la tela. El regalo consiste, como me ocurrió a mí con mi madre, en el traspaso de un profundo vínculo personal con nuestro patrimonio, así como en la inspiración para continuar aprendiendo más de nuestras familias, de nuestra cultura y de nuestras raíces.

En este sentido, los dichos son mucho más que ingeniosas ocurrencias y proverbios con moraleja. Desde los tiempos en que los conquistadores españoles se asentaron en las colonias de Sudamérica, los dichos han existido en el ámbito espiritual y emocional de las familias latinas a lo largo de los siglos.

Los marinos españoles comenzaron a establecerse en Colombia y Centroamérica a principios del 1500. Avanzado el siglo XVI, los sacerdotes católicos contribuyeron a la conquista de Latinoamérica con el establecimiento de misiones para cristianizar a los nativos. Por ello, muchos dichos tienen raíces religiosas que se remontan a la Biblia, a los teólogos y filósofos de la Iglesia Católica. Misioneros españoles como Antonio Montesinos (¿–1545) y Bartolomé de las Casas (1484–1566), propagaron estos dichos en las colonias junto con otros bienes y tesoros.

En aquellos tiempos, Montesinos se dio a conocer por denunciar públicamente la esclavitud de los indios. Bartolomé de las Casas también era conocido por defender a los nativos y, sobre todo, por revelar el contenido del Diario de Colón sobre su histórica primera incursión en América. De las Casas defendía a los indios y señalaba en sus escritos:

Todas estas universas e infinitas gentes a todo género crió Dios los más simples, sin maldades ni dobleces, obedientísimas y fidelísimas a sus señores naturales e a los cristianos a quien sirven; más humildes, más pacientes, más pacíficas e quietas, sin rencillas in bullicios, no rijosos, no querulosos, sin rencores, sin odios, sin desear venganzas, que hay en el mundo... Son también gentes paupérrimas y que menos poseen ni quieren poseer de bienes temporales; e por esto no soberbias, no ambiciosas, no codiciosas.

Las palabras de Bartolomé de las Casas, que expresan con sabiduría humilde el contraste entre la vida modesta y simple de los indios y los lujos de los conquistadores, evocan un dicho que hoy resulta tan veraz como en el 1500: «No es más rico el que más tiene, sino el que menos necesita». Alguien que se encuentra satisfecho con lo poco que tiene, es más rico que quien siempre desea tener más.

De las Casas observó que los indios parecían contentos con lo que tenían, mientras que los primeros conquistadores españoles estaban obsesionados con las joyas y las riquezas que habían descubierto. Hoy en día, es importante vivir de acuerdo a este dicho, porque el mundo en el que vivimos se inclina cada vez más por lo material. Esto significa elegir la satisfacción que produce la sabiduría, el conocimiento y la cultura de nuestra familia, por encima de perder el tiempo deseando lo que no poseemos. Si sólo nos ocupamos del aspecto material, nos arriesgamos a perder nuestra identidad. Ten cuidado, porque si lo quieres todo, te arriesgas a perderlo todo. Como dice otro de mis dichos favoritos: «El que todo lo quiere, todo lo pierde».

Los dichos corresponden a su país de origen. Por ejemplo, como mi familia es colombiana y viví muchos años en México, los dichos con los que crecí tienen raíces de los dos países. Tal vez los primeros misioneros y colonizadores dieron las puntadas iniciales, pero otros países latinoamericanos en el mundo han influido en los dichos, valiéndose de éstos para expresar sus propias costumbres y tradiciones. La colección de dichos que atesora un país, una cultura o una comunidad permite vislumbrar los valores y el sistema de creencias que han guiado al colectivo a lo largo de su existencia.

El legendario sindicalista y activista César Chávez (1927–93), aprendió de su madre dichos mexicanos: «Lo que usted hace a otros, otros le hacen a usted», y «Hacen falta dos para la lucha, uno no puede hacerla sola». Es evidente que, tiempo después, la célebre proclama de Chávez: «Sí se puede», estaría inspirada en las lecciones de su madre.

Sandra Cisneros (1954–), una de las escritoras méxicoamericanas más conocidas de Estados Unidos, utiliza dichos en sus novelas como parte de lo que ella denomina su «voz antiacadémica»... la voz de una méxicoamericana». Cisneros, cuya obra ha sido premiada, ha encontrado de forma inteligente en los dichos un puente entre sus dos culturas. La autora, nacida en Chicago, fue la tercera de siete hermanos. Es famoso su comentario acerca de por qué se hizo escritora: «Siempre le digo a la gente que no me hice escritora por haber estudiado, sino porque mi madre me llevaba a la biblioteca. Quería ser escritora para ver mi nombre en las tarjetas del catálogo».

Está claro que los dichos influyeron a Cisneros. En la introducción que escribió para *Mi primer libro de dichos,* de Ralfka González y Ana Ruiz, Sandra Cisneros escribió lo siguiente: «Los dichos le provocarán una risa sabia y tonta a la vez».

Cisneros obtuvo una licenciatura en literatura de la Universidad de Loyola, en Chicago, y una maestría en escritura creativa de la Universidad de Iowa. Sin embargo, similar a mi propia experiencia, todo indica que mucho del conocimiento que exhibe Cisneros es, en verdad, «antiacadémico», pues surge de sus vivencias personales. Siempre he creído que las lecciones más valiosas se obtienen de la vida misma, y no de las páginas de un libro. Lo que aprendí de mis padres no lo habría podido obtener de un diploma universitario.

Otra leyenda literaria hispana, el gran Miguel de Cervantes Saavedra (1547–1616), usó dichos en boca de su personaje Sancho Panza en *El Quijote,* un clásico de la literatura universal. Los dichos le permitieron a Cervantes describir con claridad la vida real o como señaló en el prólogo de su novela, hacerlo con «palabras sencillas, honestas y bien medidas».

Como si los personajes de su obra maestra fueran sus propios hijos, los dichos que eligió posiblemente representaban el reflejo de sus experiencias personales y las lecciones que había aprendido de la vida. La vida de Cervantes, cuyos orígenes eran humildes y no tenía formación universitaria, nunca tuvo un momento de sosiego. El autor de *El Quijote* llegó a luchar contra los turcos, estuvo cinco años secuestrado por piratas y sufrió cárcel por no pagar sus deudas. Precisamente, fue en prisión donde comenzó a escribir su más célebre obra. Por lo tanto, cuando hacía hablar a sus personajes, éstos lo hacían con dichos.

«*Los bromistas encuentran que son ellos los que están siendo engañados*».

«Ésos a los que se ha dicho la verdad no se deben de tomar como los que han sido despreciados».

«Dime con quién andas, y te diré quién eres».

Me parece que resulta fácil encontrar puntos en común con la historia de Don Quijote. Son las vivencias de un hombre que al comienzo no tiene nada, lucha contra grandes obstáculos, aprende de la vida y plasma estos conocimientos en su obra. Una prueba más del poder de propagación de los dichos, que pueden viajar del porche de una casa, a las páginas de un libro y más allá. Las palabras que encierran los dichos están cimentadas en la historia.

Aunque en apariencia los separaba un mundo, el señor Cervantes habría podido hermanarse con una histórica figura estadounidense: el señor Benjamín Franklin, o como ahora lo llamo cariñosamente: «Señor Dicho». Más conocido por su papel como uno de los fundadores de Estados Unidos, toda su vida Franklin se consideró un impresor, e incluso firmaba como tal.

He aquí un hombre que valoraba el poder del lenguaje y pasaba largas horas escribiendo proverbios y otras variantes de las máximas, que luego publicaba en periódicos, almanaques y otras publicaciones. Como los dichos, los proverbios de Franklin fueron escritos con la intención de proporcionar una guía y servir de lecciones a los demás. Todo comenzó cuando este hombre de múltiples aficiones llenó volúmenes de proverbios con la intención de mantenerse ocupado y productivo. Sin embargo, una vez que empezó a publicar sus «dichos coloniales», creó la tradición de traspasar retazos confeccionados con dichos de una generación a otra. ¿Te resultan familiares algunos de ellos?

«El que temprano se acuesta
y temprano se levanta,
es saludable, próspero y sabio».

«Nunca dejes para mañana
lo que puedas hacer hoy».

«Nada en este mundo es seguro,
excepto los impuestos y la muerte».

«Centavo que se ahorra,
centavo que se gana».

Cualquier forma de comunicación tiene poder, pero, como puedes ver, los dichos (y sus hermanos, los proverbios), constituyen una pieza particular de la historia. El patrimonio latinoamericano que se inició de la mano de los líderes provenientes de España, acabó por personalizarse con las tradiciones familiares en los hogares. Algo que luego se magnificó a gran escala a través de figuras literarias, históricas y religiosas, tanto latinas como de otra procedencia. Si aprendes y vives de acuerdo a los dichos que mayor significado tienen para ti, estarás contribuyendo a la pervivencia de estos hilos dorados que entretejen la cultura.

El mejor consejo que le puedo dar a mi hija Sofía, para que a lo largo de su vida sepa enhebrar los hilos culturales de nuestra familia para las generaciones venideras, es el siguiente: «Más vale malo conocido, que bueno por conocer». Se lo diré y le explicaré que es un buen punto de partida saber lo que uno tiene en su corazón, como contrapeso a lanzarse a buscar algo que se desconoce. Ella ha aprendido lecciones valiosas de las experiencias que hemos compartido con ella, pero también ha de experimentar la vida por su cuenta.

Capítulo tres
Los dichos le dan poder a la vida

«El que no sabe es como el que no ve».

Tengo algo que confesar: nací en Estados Unidos, pero como mi familia vivía en el extranjero mientras yo crecía, cuando nos mudamos de Guadalajara a San Ysidro no sabía ni una gota de inglés. Mi padre recuerda con nitidez el viaje de vuelta a Estados Unidos por carretera, con toda la familia apretujada en el carro. Estábamos entusiasmados con la mudanza y muy pronto abordamos el problema del idioma. Mi hermana y mi hermano sabían un poco de inglés porque habían empezado el colegio en Estados Unidos. En cambio, yo lo había hecho en México.

Sabía algunas palabras, pero apenas podía comunicarme en inglés. Por supuesto, mis hermanos me hacían de rabiar diciéndome: «¡Si vives en Estados Unidos tienes que saber inglés! ¡En los Estados Unidos no hablan español!». Empezaron a hacerme preguntas en el automóvil y, como pude, llegué a decir cómo se dice «vaca» en inglés. Mi padre recuerda que, después de varios intentos por memorizar la traducción, al final me sentí tan frustrada que les grité: «¡Muu!». Nunca me he caracterizado por quedarme callada. Al menos tenía claro que «muu» tenía que ver con la palabra «vaca», por lo que tenía una base con la que empezar.

Es asombroso que un episodio aparentemente cómico e inocente de mi infancia, haya impactado tanto el resto de mi vida. Mi padre está convencido de que para mí fue una experiencia tan frustrante, porque desconocía la respuesta. Además, piensa que ese recuerdo es lo que hoy me motiva a autoexigirme más en el trabajo. Supongo que mis constantes preguntas sobre la cocina, la maternidad y los negocios tienen algo que ver con lo que piensa mi padre al respecto. A menudo me dice: «Siempre has sido muy despierta».

Todos sabemos lo difíciles que pueden ser las épocas malas, y casi siempre hallamos maneras de salir adelante. Estamos acostumbrados a ello. Por alguna razón, es más fácil lidiar con una piedra en el camino que bregar a diario con una vida sin sobresaltos. Justo en esos momentos, cuando todo va bien (o al menos se mantiene el status quo), es cuando se necesita una guía sólida por parte de los padres, de la familia, de Dios o una fuerza mayor. En esos instantes, hazte la siguiente pregunta: ¿Qué conocimiento tengo para valerme en aguas calmadas? Aprende, y vive de acuerdo a ese conocimiento y esas tradiciones, y siempre tendrás una barca a la que te podrás asir si viene la tormenta.

En el transcurso de la historia, el conocimiento ha estado en la raíz del poder y en el logro de éste; por lo tanto, no es casualidad que también lo esté en el origen de los dichos. Con algo de conocimiento, todo es posible. Mis dichos más queridos los aprendí de mi madre, de mis tías y de mis abuelas, a base de escucharlos en familia y de captar en ellos la sabiduría necesaria para luego afrontar los retos de la vida. Accedí al conocimiento que proporcionan los dichos, tan pronto como empecé a usarlos para comprender mejor mi existencia, mejorar mi comunicación con los demás y tener mayor conocimiento de la cultura latina en su conjunto. Y, finalmente, cuando comprobé que mi vida ganaba en colorido, en textura y en significado al aplicar estos maravillosos proverbios, comencé a vivir de acuerdo a ellos.

Me propuse como misión compartir con otros los dichos que han mejorado mi vida, con la intención de que juntos pudiéramos aprender, tener acceso y vivir la cultura latina. Al enseñarle el dicho «El que no sabe es como el que no ve», quiero mostrarle a Sofía que debe abrir los ojos para encontrar la sabiduría que está en su corazón.

Por alguna razón, la gente se empeña en querer «inventar el agua tibia». Llegamos a pensar que nos ha esquivado el consejo que pudo eliminar nuestros problemas e impulsar hacia delante nuestras vidas. O que, tal vez, lo habíamos escuchado antes, pero no nos lo dijeron correctamente o de una manera que habríamos podido comprender, por lo que nos lo perdimos. Es entonces cuando nos embarcamos en un periplo sin fin, en busca de hallar «la sabiduría secreta». El significado de la vida. Quiero decirte que todos tenemos este conocimiento y el poder que conlleva. Nos lo han enseñado innumerables veces nuestros padres, familiares, profesores, amigos y una fuerza mayor, a través de las palabras y las acciones. Mi madre siempre me lo recuerda con un proverbio que dice: «El principio de la sabiduría es trabajar para adquirirla». Mi objetivo es ayudarte a tener acceso a esta sabiduría para que la pongas en práctica en tu vida diaria. Como le ocurrió a Dorothy en *El Mago de Oz*, embarcada en un viaje de regreso en busca de su hogar y de la felicidad, siempre has tenido esa sabiduría.

■ ■ ■ ■

Segunda parte: Lecciones para las relaciones y el matrimonio

■ ■ ■ ■

Capítulo cuatro
Cómo sobrevivir a las relaciones

«A palabras necias, oídos sordos».

Este dicho le resulta verosímil a todo aquél que alguna vez haya sobrevivido a una relación con alguien. Para que una relación sea a largo plazo, sobre todo si se trata del matrimonio, es necesario hacer oídos sordos a palabras necias. De hecho, se trata del mejor consejo que me ha dado mi madre para que el matrimonio salga adelante. Es el mismo consejo que he seguido, con éxito, para que todas mis relaciones funcionen. Francamente, si me fijara en cada una de las cosas que la gente, incluyendo mi esposo, me ha dicho, y me las tomara al pie de la letra, ¡habría enloquecido!

La frase «sobrevivir a las relaciones» es casi un oxímoron. Al fin y al cabo, lo natural es convivir en pareja por un largo periodo. Pero, a la misma vez, es un inmenso reto compartir toda una vida con una persona. Como seres humanos, nuestro instinto nos lleva a velar y cuidar del otro. Entonces, ¿por qué resulta tan difícil lograrlo y ser felices, si estamos programados y predestinados a hacerlo? ¿Por qué razón las relaciones, tanto si son laborales, amistosas o románticas, acaban por ser una de las parcelas de la vida más tumultuosas y emocionalmente agotadoras? Creo que por la misma razón por la que otras cosas nos resultan un reto insuperable: porque nos negamos a enfrentarnos a la realidad. Si no comprendemos o negamos las «reglas del compromiso», entonces, ¿cómo vamos a esperar triunfar? Si el mejor atleta del mundo no conoce las reglas del juego, acabará por fracasar. Todos tenemos la capacidad de ser felices en nuestras relaciones y, desde luego, lo merecemos. Pero si no entendemos los principios básicos de la vinculación afectiva con otra persona, seremos tan inútiles como ese gran atleta que te he mencionado.

SOBRE LA AMISTAD

«La amistad sincera es un alma repartida en dos cuerpos».

«Oye, Pee Wee». Así le decían los amigos de la infancia a mi suegro, Ray González, en su lecho de muerte cuando agonizaba de cáncer.

Sus amigos, «Los Duques», no se despegaron de su lado y lo llamaban por su apodo de juventud, de cuando tenía trece años y se conocieron en las calles de Nueva York. Cuando el padre de mi esposo falleció, fueron «Los Duques» quienes cargaron su féretro hasta el funeral y con su mera presencia y tristeza conmovieron a los demás. Desde el «Duque» irlandés hasta el «Duque» dominicano, pasando por el «Duque» puertorriqueño, Ray era el líder y el sostén del hilo que mantuvo fuertemente unido al grupo durante más de cincuenta años. Cuando mi suegro falleció, algo murió dentro de cada uno de ellos.

Ray nació en uno de los peores barrios de la ciudad de Nueva York. Sus padres eran puertorriqueños y se mudaron a Estados Unidos en los años treinta. A pesar del entorno, sobresalió en el colegio y acabaron por aceptarlo en la mejor escuela privada de la ciudad. Sin embargo, debido a la situación económica, no pudo ir a ese colegio y terminó por matricularse en un centro público.

En la adolescencia, el padre de mi esposo acabó por tener una verdadera mezcolanza de amigos. A Ray lo llamaban «Pee Wee» porque era bajito. Pero también estaban «Whitey» («blanquito», por ser el único blanco), «Flunky», «Shadow» («sombra», porque era el único afroamericano) y otros muchos más. Es importante tener en cuenta que en aquellos tiempos la ciudad estaba segregada de una cuadra a otra. Ciertos grupos étnicos vivían en determinadas cuadras, y si uno cruzaba la calle y pasaba a otra sección, podía pasar un mal rato. A pesar de la realidad circundante, Ray y sus dispares amigos se unieron y formaron la banda de «Los Duques».

Literalmente, «Los Duques» eran como la pandilla de *West Side Story*. Como calcados de la película (sólo que con menos números musicales), tenían sentido del humor, una mezcla de razas y eran de todas las procedencias. Cuando salían, era como juntar los dos lados de la película.

Como cualquier pandilla, tenían enfrentamientos con otras bandas por conquistar territorios, muchachas y por el dominio de la situación. O simplemente peleaban por pelear. Había diferencias con *West Side Story*, en la que el hermano del jefe de una pandilla (compuesta por puertorriqueños), se enamora de la hermana de líder de una banda rival (compuesta por irlandeses). Ray, sin embargo, se hizo amigo de Sydney, de origen irlandés. Es más, fueron grandes amigos. Estaban tan compenetrados que, al cabo de cuarenta años, Sydney fue el padrino de mi esposo, cuando serlo aún significaba algo. La relación de estos dos hombres era la envidia de todos nosotros. Se trataba de una relación ejemplar. Nunca he visto a un heterosexual sentir tanto respeto, amor y admiración por otro hombre. Era algo genuino. Impresionante. Como si hubieran sido hermanos de sangre. Esto explica porqué mi esposo se siente tan unido a sus amigos.

Por ser chicos de pocos recursos que deambulaban las calles, muchachos que no tenían cabida en los clubes de Nueva York, varios de «Los Duques» acabaron en distintas partes del país tras alistarse en el ejército. Esto no impidió que siguieran unidos por medio de sus esposas, hijos y nietos. Para ellos la amistad era sagrada. Nunca me he tropezado con un grupo de hombres o mujeres que sientan tanta admiración y afecto entre sí. Se ayudaban unos a otros para resolver los problemas, ya que muchos de ellos no gozaron del apoyo de una familia cuando eran chicos. Ray y sus amigos componían una singular familia que se sustentaba por medio del afecto. Estos hombres se besaban en la boca con orgullo machista. Incluso cuando la mayoría de «Los Duques» se diseminó, Ray fue siempre el factor catalizador que los unía. Una vez más, llegaron a reunirse y se mantuvieron tan unidos como siempre lo habían estado. Se juntaban todos los fines de semana y, en algunos casos, todos los días. El día de mi boda nombraron a Darío, mi padre, «Duque» honorario, y hasta el día de hoy llaman a Christopher «Duque».

¿Puedes imaginar hoy en día una amistad semejante? ¡Te aconsejo que encuentres a tus «Duques»! Mantente unido a ellos y nunca te distancies. Cualquiera de los «Duques» te diría que se trata de una magnífica forma de darle valor a las cosas más pequeñas, que, en última instancia, son las más valiosas de la vida. Una buena amistad como la de estos hombres debiera tomarse en cuenta como una forma de aprendizaje. Es curioso que la amistad se rija por unas reglas aún menos claras que las del matrimonio. Estoy segura de que en las páginas amarillas hay más consejeros matrimoniales que, si los hubiera, consejeros de «amistades». A la hora de evaluar la amistad, estamos a la deriva.

«La esperanza es lo último que se pierde».

Siempre tiendo a buscar el lado bueno de las personas y a creer en el. Desde el momento de la primera impresión, una vez que soy amiga de alguien, lo soy para siempre y no hay más de que hablar. Mi instinto no suele equivocarse. En todo caso, solía ser así, pero, con los años, me he equivocado mucho más y con mayor frecuencia. ¿Por qué razón?

En unas cuentas ocasiones me he «quemado» con «supuestos» amigos que no fueron fieles a su palabra, sus sentimientos o valores. Hoy en día el concepto de amistad es más informal que nunca. Hay un dicho fantástico que dice: «Entre más amistad, más claridad». A veces las personas dicen lo que uno quiere escuchar y, lamentablemente, en ocasiones son amigos sólo porque les resulta conveniente o provechoso de alguna manera. He llegado a aprender que, aunque el optimismo es una cualidad digna de elogio, si tu instinto y tu corazón te ponen sobre aviso, fíate de este primer sentimiento de precaución. Ahora la gente te traiciona con mucha facilidad. Y tu mejor defensa contra esto es bastante sencilla: ¡Ten en cuenta tu intuición! A continuación, enumero algunos síntomas que delatan una relación insalvable:

Cuando...

- Tu amigo/a deja de escucharte. Por ejemplo, si le has dicho algo hace un día y poco después lo ha olvidado. ¿Alguna vez has tenido la sensación de que le hablas a una pared?

- La persona suele ser condescendiente contigo: quiere decir que no le importas. Su rechazo es palpable, tanto en sus palabras como en sus acciones. Los buenos amigos deben hacerte sentir importante, y si te menosprecian con frecuencia (lo que no quiere decir que pudiera ocurrir en determinadas circunstancias), es que en verdad no son amigos queridos.

- Tu sexto sentido es una voz de alarma: puedes sentirlo en lo más íntimo de tu ser. Soy consciente de que no es un síntoma visible o palpable, pero, una vez más, es importante tener en cuenta lo que intuyes. Los dichos te confieren este tipo de sabiduría. Como si se trataran de una «brújula del sexto sentido».

Sé que cuando se da por terminada cualquier relación, se puede sentir que uno se ha dado por vencido sin dar la batalla. Lo que se conoce como «tirar la toalla». Lo único que puedo decir a esto es que, si tienes la corazonada de que la relación no funciona (es decir, que estás con una persona que no te hace sentir bien o valorado), entonces no tiene sentido sentirte culpable y debes continuar tu camino. ¿Recuerdas?, «Mejor solo, que mal acompañado».

Lo siguiente resume la realidad de las amistades y cómo sobrevivir a ellas y disfrutarlas.

Mi madre siempre me dice: «Hay que sembrar para recoger». No es realista esperar que una amistad dure por el simple hecho de que conoces a alguien desde la escuela secundaria. El afecto requiere esfuerzo. No puedes suponer que los amigos siempre van a estar disponibles, a pesar de que no los llames o no les dediques tiempo, a menos que necesites algo de ellos. Si trataras tu matrimonio o tus relaciones amorosas de igual manera, ¿cuánto crees que durarían? ¡Pues más bien poco, antes de que se redujeran a nada! Hacen falta dos para que una relación funcione. Por ello me sorprende que tantas personas ignoren a sus amigos y les resten importancia, cuando, a la vez, pretenden que siempre estén a su disposición. Confieso que yo misma soy culpable de ser ese tipo de amiga y que debo luchar continuamente para evitarlo. Aunque no es un dicho en el sentido estricto de la palabra, alguna vez habrás escuchado «Ojos que no ven, corazón que no siente». No puedes pretender lo que no es real. Se nos dice que debemos esforzarnos por sacar adelante el matrimonio. Pues bien, yo te digo que *todas* las relaciones exigen esfuerzo, comunicación, mantenimiento y mimo. Tanto en el hogar y el trabajo, como en otros ámbitos de la vida.

«Con virtud y bondad se adquiere autoridad».

Siempre he procurado moldear mis relaciones de trabajo siguiendo el modelo de personas cuyas relaciones he admirado a lo largo de los años. Un buen ejemplo lo constituye un *apreciado* amigo que es un abogado de renombre. En el mundo de los negocios, sobre todo en el de los bufetes de abogados, se buscan asociaciones y alianzas como muestra de prestigio. En cambio, mi amigo no teme ir a contracorriente y se siente orgulloso de haber logrado no tener socios. Admiro este sentido de independencia. Aunque, de acuerdo a su mentalidad, llegarías a pensar que no es una de sus prioridades tener buenas relaciones con otros abogados y sus empleados. Sin embargo, es justo lo contrario. Mi amigo es honesto y directo con ellos y desde el principio les explica que no tiene interés en tener socios. Lo que no impide que les enseñe a ser excelentes abogados, para que luego, como si se tratara de sus hijos, se independicen y triunfen por su cuenta.

Lo que es digno de señalar y tal vez resulta inusual en un mundo tan competitivo, es que mi amigo nunca se siente amenazado por el éxito potencial de sus empleados. No le preocupa que pudieran llegar a ser mejores que él. No hay huellas de celos profesionales en su persona. Ese tipo de comportamiento paranoico es la consecuencia de una autoestima pobre, algo que no existe en la naturaleza de este caballero. El hecho de que no se sienta amenazado por sus «protegidos», propicia una relación sana, basada en el respeto y la admiración mutua. Él presume del éxito de sus subalternos y, por esta razón, me siento orgullosa de tener un amigo como él.

Mi padre, para mí, es un ejemplo más cercano de cómo tener relaciones laborales. Como cirujano, la relación que tiene con sus pacientes es muy familiar. Es tan buena, que lo pueden mirar a los ojos y confiar en lo que dice, por muy complejo que sea el caso. Mi padre establece una conexión con sus pacientes que les confiere la tranquilidad de que alguien los escucha. Siento orgullo cuando lo emulo al establecer mis relaciones con mis clientes.

«De la abundancia del corazón habla la boca». Este dicho resume la mejor forma de conducir una relación laboral: desde la generosidad del corazón. Tal y como lo aprendí de mi padre.

Teniendo en cuenta todos los años que llevo trabajando (desde mi primer empleo hasta ahora, con mi propio bufete de abogados), siempre he sido la misma. Creo que esta valentía por mi parte, de no renunciar a mi persona bajo ninguna circunstancia y en toda situación, tiene mucho que ver con el éxito y la felicidad que he conseguido a lo largo de mi carrera. He mencionado el ejemplo de mi padre como modelo y guía en todos los aspectos de mi vida. Muchos de mis triunfos se los atribuyo a la huella que mi padre ha dejado en mí, en cuanto a enseñarme que el éxito se logra a base de no renunciar a nuestra personalidad e identidad.

En mi primer empleo como abogada, trabajé en una oficina en la que todas eran mujeres, salvo dos hombres, que eran mis jefes. Aunque yo tenía el título de abogada asociada, no me importaba desempeñar el papel de mujer, es decir, como la hija que mi madre me había enseñado a ser. No lo hacía de manera consciente. Simplemente hacía lo que mi madre me había enseñado. Es decir, de todo: desde el café, hasta ocuparme del bienestar de mis colegas (como si de mis hijos se tratara). Al principio, mis compañeras no las tuvieron todas conmigo. Yo era, y sigo siendo, la «feminista confundida», que a la vez es abogada y madre en la oficina. Pero con el tiempo, comprendieron que no se trataba de una farsa. Yo no lo hacía para demostrar algo, para hacerles llegar un mensaje determinado o por tener una agenda secreta o nada que se le pareciera. Sencillamente, estaba siendo yo misma.

La gente hace lo opuesto en el trabajo. No actúan como son en verdad. En cambio, ahora procuran ser agresivos en extremo con la intención de hacerse notar. La gente, con una mezcla de temor y de deseo, se autodestruye en una carrera por competir con los otros. La experiencia me ha enseñado que los centros donde he trabajado me han resultado más satisfactorios, productivos y gratificantes, cuando he asumido a la competencia y a mis competidores con actitud positiva.

En una escala más pequeña y realista, apartados de las cámaras que magnifican y alimentan el lado oscuro de las políticas de oficina, lo que cuenta son los detalles sencillos, como tomarse el tiempo para decir «Hola», «Por favor» o «Gracias». ¡Muchas veces me he preguntado si sus madres no les enseñaron modales! Los compañeros de trabajo olvidan las reglas más elementales de urbanidad por aparentar ser lo que no son y provocan conflictos. La razón de este malentendido radica en la noción de que aceptarnos como seres que por naturaleza nos protegemos unos a otros, es, de alguna manera, una señal de debilidad o degradación, cuando lo cierto es, que este comportamiento no denota debilidad, sino respeto mutuo. Sé tú mismo siempre y a todas horas. Es cierto que debes separar el trabajo del placer, pero debes llevar algo de tu persona al centro laboral. Es importante apreciar la labor que otras personas desempeñan en la oficina, empezando por ti mismo. Créeme, tus días en la oficina transcurrirán con mayor felicidad si consigues un balance entre la competencia sana, el respeto por tus compañeros, los buenos modales y, por encima de todo, el ser tú mismo.

Consejo Breve

SE AGRADECIDO

Da las gracias. Compra tarjetas de agradecimiento y úsalas con generosidad. Esfuérzate por hacer llegar una vez a la semana un mensaje a tus amistades, un compañero de trabajo o un colega, en el que les expreses lo valiosa que esa relación es para ti. No seas tacaño a la hora de hacer halagos. Sólo toma un segundo agradar a los demás.

Capítulo cinco
Cómo conservar el matrimonio

«El matrimonio es un mal necesario».

La institución del matrimonio está basada en el sadomasoquismo. No creas que ahora pretendo ser perversa, pero es que es cierto. En el fondo, las mujeres somos masoquistas. Solemos medirnos con más dureza de la que lo haría otra persona y antes que nuestro propio bienestar, anteponemos nuestro matrimonio, nuestros hijos y nuestro trabajo. Y es mejor que nadie intente convencernos de lo contrario, porque, de ser así, ¡nos sentimos culpables durante años, hasta arruinar la vida de todos los que nos rodean! Los hombres, por otro lado, son sádicos. Su lema es: ¿por qué culparme, si delante de mí hay tantos a quienes echarle la culpa? Bueno, está claro que estoy bromeando, pero esta exageración dice mucho sobre la fórmula del matrimonio. Una mujer con complejo de culpa y un hombre libre como el viento, es equivalente a que ambos perciban el matrimonio como un mal necesario, que con frecuencia necesita el mantenimiento de un Boeing 747.

Por supuesto, no creo que el matrimonio sea «diabólico». No obstante, como todo lo que es gratificante y maravilloso en la vida, requiere mucho trabajo. Te repito una verdad que no está escrita: no se puede tener todo. Es decir: «No se puede estar en misa y en procesión». Llega un punto en la vida en el que la mayoría de las personas desea casarse y lo hace. Pero, una vez casado, pregúntate qué haces para mantener a flote tu matrimonio. ¡No olvides cuánto lo habías deseado! ¿Aún recuerdas los nervios antes de tu boda de ensueño? Apenas podías esperar a tener el anillo en el dedo. Pues bien, hay vida después de eso. La clave del amor verdadero reside en mantenerlo vivo a lo largo de los años.

«El matrimonio no es sólo para un día». El simple hecho de casarse no significa que ya todo está conseguido, que no hay que esforzarse en la relación y que todo es cuesta abajo. La luna de miel realmente acaba si cometes el error de olvidar que estás casado. Te costó muchos años encontrar tu media naranja, y ahora te va a tomar toda una vida mantener palpitante esta nueva relación, que es tu matrimonio. No se trata del final de un maratón sólo porque ahora los dos son el «Sr.» y la «Sra.», y lucen dos lindos anillos. El matrimonio exige esfuerzo diario y a todas horas.

¿Por qué nuestros padres han tenido matrimonios duraderos? ¿Por qué la vieja escuela de generaciones anteriores sabe mantener un matrimonio y nosotros, no? ¿Será que cuando nuestros padres desempeñaban la tarea de educarnos no los comprendimos? ¿O es que ellos no fueron capaces de inculcarnos el valor de la familia? El matrimonio representa una compleja responsabilidad, pero una vez que accedemos a los votos sagrados de esta institución, es nuestra obligación esforzarnos por mantenerlo vivo. Esto me hace pensar en otro de mis dichos favoritos: «Casamiento y mortaja, del cielo bajan». No lo busques ni lo apures. Al final te llegará y, cuando así suceda, tomátelo como una bendición.

Por supuesto, la más grande de las bendiciones del matrimonio es tu cónyuge (tu esposo, tu esposa, tu pareja). Uno de los dichos predilectos de mi madre dice: «La prioridad del matrimonio es el esposo o la esposa». Con esto no quiero decir que los hijos no tengan gran importancia, pero, una vez que se hacen mayores y se van de la casa, ¿con quién te quedas? Con la persona con la que te casaste.

Y si durante todos esos años no te esforzaste por preservar y cuidar de tu relación, tu matrimonio corre verdadero peligro cuando el «nido» se vacía. Es un momento muy delicado para las mujeres, quienes por naturaleza cuidan de la prole. Pero si no empleaste tu tiempo en alimentar el vínculo con tu pareja y te concentraste únicamente en los hijos, entonces te habrás quedado sin relación cuando éstos hayan echado a volar. Puede que, de alguna manera, sea egoísta admitir que tu pareja es más importante, pero recuerda que tu esposo o esposa es tu compañero de por vida. Los chicos se van a ir de la casa y te van a dejar a solas con tu pareja. Es tu obligación asegurarte que, en efecto, todavía hay vida por delante cuando esto ocurre.

EL SEXO

«Del agua mansa me libre Dios,
que de la brava me libro yo».

En broma, a veces digo que los hombres ¡sólo quieren comida, sexo y silencio! Hablando en serio, uno debe estar muy alerta en la vida para sobrevivir a todas las etapas del matrimonio. Desde las aguas mansas a las más bravas. Debemos cuidarnos de lo que menos pensamos que nos pudiera hacer daño. Cuando no estamos atentos y descuidamos el esfuerzo que requiere cuidar del matrimonio, es cuando las cosas se apagan y necesitan volver a tomar fuerza. No olvides que la sinceridad y la comunicación son los pilares de toda relación, sobre todo en lo que concierne al matrimonio. Si no somos capaces de ser francos con nuestra pareja y confiar en ella, entonces, ¿en quién vamos a confiar? El sexo es un aspecto importante de una relación porque aporta un nivel de intimidad y conexión que supera a las palabras.

Dicho esto, la intimidad y la pasión (como quiera que elijas expresarlas), deben siempre estar presentes en una relación. Al principio, los sentimientos que priman son los de estar el uno junto al otro a todas horas y sentir «mariposas en el estómago». Pero el matrimonio trae el sentido de la responsabilidad, el cuidado mutuo, los hijos y el trabajo. Por ello, es natural que estos sentimientos pasen, temporalmente, a un segundo plano. ¡Pero eso no quiere decir que desaparezcan! Es nuestra responsabilidad, como marido y mujer, de asegurarnos que estas emociones no se esfumen. Y esto requiere trabajo y esfuerzo. Siempre me digo, ¿por qué al casarnos tendemos a olvidar el sexo? No podemos esperar a que nuestra pareja tome la iniciativa. ¿Estás casado, verdad? ¡Entonces, no dudes en ser tú quien se adelante a hacerlo! Prepara una noche especial con tu pareja. Ten confianza para decirle que echas de menos los sentimientos del principio. Que lo echas de menos a ÉL o a ELLA, y que deseas reiniciar la pasión. Puedes llevarte una sorpresa al comprobar que la otra persona también desea lo mismo.

Ahora, de mujer a mujer, voy a abordar un tema más serio: el de los matrimonios que carecen de vida sexual. Le ocurre a más gente de la que crees. Hasta cierto punto, a veces se trata de una fase normal por la que pasan muchos matrimonios. Como dice el proverbio: «Estoy como el recién casado, con ganas de mucho y sin ganas de nada». Esto no sólo es aplicable a los recién casados. Cuando una pareja se deja llevar por la complacencia, puede acabar en un matrimonio sin sexo. Se encuentran tan inmersos en los asuntos de la vida, que olvidan enfrentarse a sus propios problemas y atajarlos, porque ninguno de los dos quiere «forzar» la situación, por no arriesgarse a convertirlo en un problema más grande. Es entonces cuando las tentaciones se nos cruzan en la vida.

Éstas son las aguas mansas. Cuando estamos en peligro, pero queremos creer que todo está bajo control, porque optamos por no decir nada para no hacer olas. De estas aguas nos debemos cuidar, porque en el fondo de ellas permanece el problema, hasta que, finalmente, ya es muy tarde para resolverlo. El periodo inicial de peligro va y viene, y llegas a creer que la dificultad reside en que la «vida real» se entromete en la relación y te abandonas. ¿Te son familiares los siguientes comentarios?: «Tengo que hacer esto», «Mejor el próximo mes, cuando ya no tengamos tanto lío», «A lo mejor cuando nos vayamos de vacaciones y me sienta más relajada».

Debo confesar que algunas de estas excusas no me son ajenas. Me enojo cuando permito que el quehacer diario se entrometa en una de las relaciones más valiosas. ¡Me estoy negando algo que disfruto hacer! Suelo decirme: «Estoy segura de que él comprende lo exhausta que estoy». Pero, ¿en verdad lo comprende? Cuando te convences de algo así, estás incurriendo en una autocomplacencia que parte de suposiciones equivocadas. ¿Cómo puede saberlo él si no tienes el valor de decirle lo que sientes? Puede que te hayas mentido a ti misma, pero no puedes engañar a tu propio matrimonio.

Guárdate de los peligros de la monotonía en una relación. Si no eres cuidadoso, es fácil olvidar que lo que tienes entre manos es una crisis. Lo que pudiera parecer una inocente disminución de la libido, puede desembocar en el desamor. Algo que, estimados hombres, también les ocurre a las mujeres. Ahora bien, debo aclarar que si al explorar la situación y consultarla con tu pareja, determinan que a uno de los dos (o a ambos), ya no le interesa el sexo y no desea hacer el amor, entonces se trata de un problema de mayor alcance, que va más allá de lo que pueda solucionar este libro. De ser así, te sugiero que lo hables con tu pareja y acudan a un terapeuta. Vivir de esta forma no es justo ni para ti, ni para la otra persona. Y tampoco lo es para tu relación y la promesa que se hicieron mutuamente cuando aceptaron los votos del matrimonio.

CONSEJOS PARA EL MATRIMONIO

El mejor consejo que me dio mi mamá: «Cuando te cases, acuérdate de tratar a tu esposo como a un esposo. No trates de ser su mamá. Él ya tiene una».

Se trata de un consejo importante, porque tendemos a hacer lo opuesto. ¿Por qué las mujeres somos tan exigentes con los hombres? ¡Constantemente les damos órdenes como si fuéramos sus madres! La necesidad que tenemos, como mujeres, de que las cosas se hagan al «instante» suele causar estos problemas. Cuando le pido a mi esposo que haga algo, literalmente le doy un segundo antes de volvérselo a pedir. Y cada vez que lo hago, quiero darme contra la pared. ¿Qué resorte tenemos las mujeres para que todo nos apremie y necesitemos que las cosas se hagan de inmediato? Como dice el libro de John Gray, las mujeres y los hombres venimos de planetas diferentes.

¿Las mujeres somos perfeccionistas o controladoras? Todo indica que, de manera inconsciente, tenemos la necesidad de dictar órdenes y controlarlo todo. En general, somos muy exigentes y esperamos demasiado de nuestros esposos. Pero también somos nosotras las que cargamos con mayor responsabilidad en el hogar, en el trabajo y en otras parcelas de la vida. Otra teoría que explica este fenómeno se remonta a tiempos inmemoriales, cuando la subsistencia de la familia dependía del tiempo que tardaba el hombre en regresar a la cueva con víveres para alimentar a la prole. ¿Acaso la persistencia está programada en nuestros genes femeninos como un mecanismo de supervivencia? De ser cierto, confiemos en que la ferocidad con que manifestamos esta urgencia se debilite de generación en generación. Puede que nuestras nietas sean menos insistentes que nosotras.

Cuando una mujer se comporta de esta manera, acaba por deteriorar la relación.

También conlleva la pérdida de intimidad, del romance y la complicidad entre marido y mujer. Es fundamental encontrar el balance entre ser su mujer y su madre, porque al casarnos, sólo nos comprometimos a ser su esposa.

Cuando la mujer comprende y acepta el papel que debe desempeñar en la relación, es cuando es capaz de reprimir estas tendencias y mantener un matrimonio feliz. No te propongo encasillarte en un patrón de comportamiento o que no seas tú misma, pero se trata de que estés dispuesta a dar algo, para, al final, recibir mucho a cambio.

Si las cosas no marchan en el matrimonio, es verdad que es fácil darse por vencida. ¿Pero es eso lo que le prometiste a tu esposo cuando te casaste? Las quejas sobre el matrimonio que con más frecuencia escucho en boca de amigos, de mi esposo, e incluso de mi parte, son: «Ella siempre está quejándose.», «Lo que pasa es que él nunca me presta atención.» y «Siempre estamos discutiendo.». Aunque soy de las que cree que es sano expresarse con libertad y sin temor a represalias (la libertad de expresión forma parte de una relación satisfactoria), estoy consciente de que hay límites. No se debe abusar de ello ni emplearlo como una forma de manipulación. Debes saber cuando parar, cuando dejar en paz a tu pareja y, sobre todo, ¡estar dispuesta a escuchar!

La clave de un buen matrimonio es que seas amigo de tu pareja. Una amistad inquebrantable y con buena comunicación es primordial. Por ejemplo, mi esposo y yo hemos desarrollado una maravillosa amistad. Ambos expresamos nuestras opiniones y, tal vez porque los dos somos abogados, solemos discutir. Más bien lo que hacemos es someternos a preguntas por turno, valiéndonos de cuanta estrategia legal hemos aprendido en nuestros años de práctica. En medio de estos interrogatorios cruzados, suelo recordar el consejo de mi madre. ¿Sabes a cuál me refiero? ¡A todos! ¿Recuerdas el dicho «A palabras necias, oídos sordos»? Además, cuál de todos los consejos que te ha dado tu madre estás dispuesta a desechar? Así que, cuando estoy en plena batalla «legal» con mi esposo, procuro seguir el consejo de mi madre: resistirme al interrogatorio y, o me marcho de la habitación o simplemente opto por reírme.

Con el paso del tiempo, he notado que nuestras discusiones ya no toman quince minutos, sino treinta segundos. En el matrimonio hay cosas por las que uno antes peleaba y que acabas por aprender a obviar o ser más selectivo, con tal de mantener la cordura. Eso no quiere decir que mi esposo y yo no discutamos o no tengamos problemas, pero ambos conocemos nuestros roles. En mi caso, soy una mujer tradicional. A veces llego a casa, exhausta después de un día de trabajo, pero le cocino a mi marido y, por un momento, me pregunto por qué lo hago. El hecho de que acepte mi rol, ¡no quiere decir que no tenga derecho a quejarme de vez en cuando! Al fin y al cabo, soy de carne y hueso. Pero soy consciente de que revertir los papeles requeriría mucha energía. Mi madre dice: «El que se casa, casa quiere». Es decir, al casarnos asumimos la responsabilidad del hogar y del matrimonio.

Para que el matrimonio funcione, es necesario que la pareja se comunique y se dé espacio para crecer como individuos por separado. Recuerda que te casaste con alguien que tenía una vida antes de conocerte y le encantaba hacer cosas por su cuenta. Tal vez era aficionado al golf, le gustaba ir de compras o jugar al ajedrez. ¡Tenía una vida antes de conocerte!

Aunque es cierto que el matrimonio conlleva asumir responsabilidades junto a tu pareja, me parece cruel cuando uno de los dos no le permite al otro que continúe haciendo las cosas que le apasionan y que le hacen disfrutar de la vida. Permítele que exprese su personalidad y su identidad y verás cómo la relación se fortalece.

Es importante contar con tiempo «a solas» para poder crecer como ser humano. No me refiero a que pasen las vacaciones por separado, pero sí a que tengan días designados para que cada uno disfrute de sus aficiones o de aquello que les guste hacer. ¡Deberías recordámelo cuando me enfado con mi esposo porque aprovecha la menor oportunidad para jugar al golf!

A mi marido le encanta este deporte y es un asiduo al campo de golf. No me puedo quejar de ello. Debo reconocer que soy la amante de Christopher, en lo referente al golf. Mi esposo ya jugaba al golf antes de conocerme y esto es algo que debo de tener en cuenta. Mi madre siempre me dice: «¿Por qué te quejas, si sabes dónde está todo el tiempo?». La verdad es que incluso cuando está jugando al golf, mi esposo llega a llamarme tres o cuatro veces. A tal punto son sus llamadas frecuentes, que yo, al contrario de la esposa típica, acabo por decirle: «¡Déjame tranquila! Tú estás en lo tuyo y yo en lo mío». El darnos mutua independencia y espacio revitaliza nuestra vida en común. Preservar la identidad individual de cada uno ayuda a mantener el matrimonio. Si no estás contenta contigo misma, ¿cómo puedes sentirte feliz en el matrimonio?

Además de que cada uno defienda su identidad propia, es importante, también, mantener vivo el romance. Elige un día o unas horas determinadas para dedicarlas a tu pareja. Por ejemplo, una salida especial. Es fundamental tener un balance entre el romance apasionado (con pétalos de rosas o una escapada al Caribe), y la rutina diaria. Mi madre siempre dice: «La vida está llena de detalles». Los pequeños detalles son los que cuentan. No los gestos grandiosos o, desde luego, los diamantes ostentosos. Las llamadas desde el campo de golf merecen mi mayor puntuación.

SENTIDO DE LA RESPONSABILIDAD

«Si quieres el perro, acepta las pulgas».

En todo matrimonio, uno de los dos tiene mayores responsabilidades. A veces es el hombre, y en otras ocasiones es la mujer, pero, como quiera que sea, debes aceptar que ese es el diseño de tu matrimonio y debes aprender a estimar este particular arreglo. Si tú eres quien carga con más tareas en el hogar (la casa, los niños, las cuentas, etc.), es evidente que debes tener paciencia y ser comprensiva para sobrellevar este rol. A veces, cuando me siento desbordada y frustrada, le digo a Christopher:«Soy yo quien tiene más huevos en la canasta, así que, ¡ayúdame!». Es una realidad que él reconoce. No se lo digo con afán de culparlo o porque me siento frustrada, pues, al fin y al cabo, es mi problema. Soy consciente de que tengo más responsabilidades en la casa y de que mi esposo me ayuda en la medida de lo posible. Una vez más, se trata de saber el papel que desempeñas en este equipo de dos (en mi caso, soy la dueña, la administradora, mariscal de campo y aguadora) y de aceptarlo de buen grado y con honestidad.

Puede que parezca una «feminista confundida» (término que abordaré con mayor profundidad más adelante) y, desde luego, es válido ser una feminista tradicional. El haber aceptado el papel tradicional de esposa y madre, no significa que soy sumisa o que haya dañado mi éxito profesional, como abogada y figura de la televisión. Simplemente he aceptado la parte que me toca en el matrimonio. Y no se trata de que haya cedido, sino de que hay que aceptar ciertas cosas en la vida. Si las mujeres comprendieran esto, en general, tendrían menos problemas. En mi caso, prefiero facilitarle la vida a mi esposo, porque así soy y así me educaron, dentro de la tradición latina. Trato a mi esposo de esta manera porque así trata mi madre a mi padre hasta el día de hoy. Es algo realmente hermoso cómo mi madre lo atiende y le sirve, en el sentido tradicional de la palabra. También es cierto que tanto mi padre como Christopher son considerados y no abusan de esta posición. Sin su sentido del respeto, resultaría más fácil calificarnos de sumisas, cuando, en realidad, lo hacemos por amor. Cuidar de quienes amamos no tiene por qué percibirse como algo servil.

No intentes ser un personaje unidimensional por el hecho de que la sociedad se empeñe en encasillar a la mujer en estereotipos de «feministas con carreras» o «amas de casa tradicionales». No hay razón alguna para que una mujer no pueda compaginar ambas facetas, y soy de las que recomienda esto último. ¿Por qué la sociedad procura encasillarnos en papeles que no tienen profundidad, para luego acusarnos de conformar una sociedad superficial? Mi feminismo «confuso» puede confundir a los demás, pero, para mí, es la única manera en la que puedo compaginar mi matrimonio con mi vida. Christopher y yo no tenemos un matrimonio perfecto. Nadie lo tiene. Pero sí sé que tengo a la pareja ideal para mí. Eso es, a lo máximo, a lo que podemos aspirar. Como siempre dice mi madre y pienso enseñarle a mi hija: «Ahí está el amor, en las buenas y en las malas».

Consejo Breve

Toma el tiempo para charlar con tu cónyuge o pareja. Míralo a los ojos y pregúntale cómo le fue durante el día. Préstale atención.

Capítulo seis
Cómo manejar las crisis

*«El amor es el vino
que más presto se avinagra».*

Soy una amante del vino! Tras descorcharlo, se debe disfrutar en armonía y con gusto. Para crear una buena botella de vino, se requiere un proceso elaborado y específico: desde la siembra y el cuidado de la uva cuidadosamente seleccionada, hasta la recolecta de la vid en el momento preciso. Por ello, cuando abres una botella de vino tinto añejo y olvidas tomártelo a tiempo, el vino se agria. ¡Qué pesar!

Como la botella de vino, conducir al matrimonio por buen camino requiere mucho tiempo, energía, paciencia y «fermentación». El proceso incluye hacer la corte, tal vez años de noviazgo, el compromiso y, después, el esfuerzo que requiere sustentar el matrimonio. ¿Por qué pasarías por todo esto para, luego, relegar tu matrimonio a un segundo plano?

CÓMO SOBREVIVIR A LOS RETOS DEL MATRIMONIO

«Al mal tiempo, buena cara».

En el matrimonio, va a haber cosas que no están bajo tu control, pero suelen ser las más insignificantes. ¿Quién dijo que el matrimonio es fácil? El matrimonio requiere esfuerzo y mucho sacrificio. Es la unión de dos personas con distintos gustos, manías, ideas y costumbres, que han de crear una nueva vida en común. Mi madre tiene razón. El matrimonio es una combinación de amistad, amor, respeto, fe, confianza, pasión y ¡mucha paciencia!

Como en todo por lo que merece la pena luchar, en algo tan valioso como un buen matrimonio siempre hay obstáculos que vencer. Uno de los retos a los que nos enfrentamos hoy en día, es al constante cambio de roles entre hombres y mujeres. Ahora es usual que el hombre ayude más en la casa con los hijos, mientras continúa sus tradicionales labores de «buen proveedor». Para las mujeres, puede resultar especialmente duro balancear el papel de madre, esposa y profesional. Incluso hay esposas que le reprochan a sus maridos haber renunciado a sus carreras (aunque lo hayan hecho voluntariamente), para dedicarse al hogar y a los hijos. Reconozco que son retos añadidos a los que ya de por sí enfrenta el matrimonio y que no tuvieron que enfrentar nuestros padres. ¡Pero eso no justifica que nosotras nos demos por vencidas con facilidad! Todo lo contrario. Debemos esforzarnos aún más por superar estos escollos.

Toda relación es el encuentro de dos personas que aportan gustos, aversiones y culturas diferentes. Lo más cómodo es verlo como un obstáculo, pero, ¿acaso no sería más constructivo percibir las diferencias como razones para crear más lazos y expandir nuestro horizonte más allá de nuestra propia realidad?

En efecto, es un hecho que vivimos en un mundo que va a gran velocidad. Nuestra capacidad de atención puede ser breve, mientras que el principio de «hasta que la muerte los separe», ahora parece más eterno que nunca. Puede resultar difícil vivir con alguien largo tiempo sin que nos invada la sensación de cansancio, o que corramos el riesgo de relegar a nuestra pareja, inmersos en el acelerado ritmo de nuestras vidas. Es fácil llegar a confundir nuestras prioridades, cuando nos dejamos atrapar por los atractivos nuevos y excitantes que nos circundan y olvidamos anteponer el esfuerzo necesario para mantener viva la llama en el hogar. Como dice el proverbio: «Amor no se echa en la olla».

Nuestros padres sabían que el amor ni se compra ni se vende. A ellos se les enseñó a elegir el amor, a permanecer en la relación y a no darse nunca por vencidos. A la inversa, las generaciones de hoy, cuyo lema es «Lo quiero para ayer.», han aprendido de la sociedad y de sus tendencias, que siempre hay algo mejor. Por el bien de todos, creo que ha llegado el momento de disminuir el ritmo de los acontecimientos. Debemos comprender que cuando comparamos nuestras relaciones con la última y la mejor tecnología, con nuevas carreras, con nuevos automóviles y con otras personas, la institución del matrimonio y las relaciones que lo apuntalan, nunca serán lo mismo.

No propongo un retorno a los tiempos de nuestros padres. Sería poco realista. Sin embargo, sí es nuestra responsabilidad hacer todo lo posible por construir y mantener los vínculos más estrechos posibles, para asegurarnos que los valores que trasmitimos sean los correctos. Tengo la esperanza de que mi hija siempre elegirá palabras que tengan un impacto positivo en su vida y en la de las personas que la rodean.

«El que todo quiere, todo pierde».

Mi mayor reto matrimonial ocurrió cuando aún no me había casado con Christopher. Nos conocimos en 1990 y fuimos novios siete años y medio antes de casamos. Durante ese tiempo, Christopher no me dijo ni una vez: «Te amo». Algo que, para la mayoría de las mujeres, habría sido motivo de ruptura. En cambio, yo era la voz de la lógica. Mi vocación de abogada me hizo enfocarlo de manera práctica. Durante nuestro noviazgo yo había conocido a sus padres y sabía, sin lugar a dudas, que éramos pareja. O sea, yo era la única mujer con quien él salía y viceversa. Ese no era el problema. Además, estaba segura de mi amor por él. Pero creo firmemente que el amor es cosa de dos. Una persona (yo), puede estar encaprichada y tener sentimientos profundos, pero no puede haber amor verdadero hasta que los dos sientan lo mismo. Con toda lógica, me dije: «Me gusta este hombre, pero, ¿cómo sé si lo amo?». Sabía que sentíamos afecto mutuo, pero nunca nos habíamos dicho: «Te amo».

Me decidí a decirle a Christopher: «Sé que tenemos un compromiso el uno con el otro, pero necesito saber lo que sentimos. ¿Acaso estamos enamorados?». ¡De pronto me había convertido en su siquiatra! Él me respondió: «No lo sé». Le creí, y le dije: «Eres mi amigo y me importas, pero necesito saber hacia dónde va esta relación». Yo no estaba lista para el matrimonio, pero tampoco estaba dispuesta a entregarme a una relación que no me iba a dar nada a cambio en el futuro. Entonces, teniendo en cuenta mi sentido de la lógica, una vez más le dije: «Los dos necesitamos meditar, así que lo mejor será que nos dejemos de ver un tiempo... Tal vez es demasiado para nosotros y es más sensato que no perdamos más tiempo ni más energía». Christopher se quedó asombrado. No era mi intención darle un ultimátum o forzarlo a que corriera detrás de mí gritando: «¡Te amo y te necesito!». Sólo estaba empleando la lógica.

Pasados unos días, Christopher me llamó y me dijo: «Sé que te amo y te necesito». Mi primera reacción fue de incredulidad: ¿Qué le había pasado? No lo reconocía. Por ser más abogada que una mujer típica, ¡lo sometí a un interrogatorio! Empleé unas siglas que se usan en la facultad de Derecho IRAC (en inglés): Asunto, Regla, Análisis y Conclusión. Le dije: «La única razón por la que te has decidido a hablar es porque hace unos días yo abordé el tema». En otras palabras, no había sido idea suya, por lo tanto, ¿cómo podía creer en ello? Otra vez estaba haciendo las veces de siquiatra. Concluí: «Comprendo lo que me quieres decir y te creo, pero aún así creo que nos debemos dar más tiempo para pensarlo». A veces sólo deseamos lo que no podemos tener. Y yo quería asegurarme de que Christopher no se estuviera dejando llevar por ese pensamiento. ¿Lo impulsaba el amor o el sentirse rechazado por mí? Christopher quedó deshecho y le dijo a su padre: «¡Cristina terminó conmigo!». Años después supe que su padre, Ray, coincidía conmigo en que su hijo estaba siendo un insensato al arriesgar su amor y sus sentimientos por lo que pensaba que era su deber.

Christopher me escribió una carta impresionante, en la que dejaba al descubierto sus sentimientos y me explicaba por qué le daba miedo expresármelos. Resulta ser que era el hombre típico. Todo el tiempo había reprimido lo que sentía, porque consideraba que primero debía tener una vida estable y con un trabajo permanente para tener algo que ofrecerme. ¡Le respondí que yo también iba a la facultad de derecho y que también pensaba trabajar!

En general, el reto más grande al que nos enfrentábamos era el de superar los estereotipos. Solemos tener tanto miedo a manifestar nuestros verdaderos sentimientos, que ambos vivimos pendientes de los comentarios y opiniones de los demás, sin tener en cuenta nuestro propio juicio. Ahora, al recordar aquel tiempo, veo que no había razón alguna para que callara que me amaba porque no tenía un trabajo. Y, por la misma razón, tampoco tenía sentido que yo esperara a que me declarara su amor. Yo también era una víctima de los estereotipos. Para mí, el reto era sentirme satisfecha con las cosas, tal y como eran. Aprendí (fue una lección para ambos), que a veces uno debe encarar el desafío y arriesgarse, para, a cambio, lograr algo aún mejor. Pensé: «Si no digo algo ahora, voy a poner en peligro la oportunidad de conocer gente o encontrar al amor de mi vida, que era Chris».

Unos meses después reanudamos la relación, y todo fue diferente a partir de ese momento. ¡Ahora sabíamos la posición de cada cual! Habíamos aceptado el reto de ser honestos el uno con el otro.

A partir de esta vivencia, te aconsejo que te atrevas a ser honesto y a enfrentarte a los problemas de la relación. No te engañes. Por supuesto, lo más cómodo es callar. Pero, si no preguntas lo más comprometedor, ¿cómo vas a saber dónde está la verdad?

Para ser justa, y muy en mi papel de jueza televisiva, le pedí a Christopher que me contara su versión de aquellos hechos que acabaron por desembocar en matrimonio. Su versión fue muy similar a la mía, cosa que me tranquilizó. En aquel entonces él se mantenía, no tenía trabajo y estaba pagando préstamos de estudio. Pensaba que lo correcto era igualarse a mis padres en el plano económico. Lo irónico era que mi novio entonces tenía más dinero de lo que tenían mis padres cuando se casaron. Christopher eligió comparar su situación económica de entonces con la actual situación de mis padres. ¡Era como comparar peras con manzanas! Siendo el caballero que es, dudaba si iba a poder mantenerme. En su interior, el tema de la estabilidad estaba relacionado a dos poderosas palabras: «Te amo».

Como suele ocurrir cuando se trata de asuntos del corazón, Christopher sentía un temor más personal que económico al decirme: «Te amo». Según él, había quedado «tocado» tras una larga relación en la universidad. Su novia acabó casándose con el chico con quien Christopher había compartido dormitorio. Tiempo después, la muchacha se divorció.

Así que, después de mi interrogatorio tipo «IRAC» y nuestra ruptura, Christopher me dijo: «Me sentí como un idiota. Estaba convencido de que estabas saliendo con otros hombres… No podía trabajar, ni dormir. No hacía más que llamar a tu contestador automático y colgar». Por cierto, su confesión fue toda una sorpresa para mí. En aquellos tiempos yo no tenía un sistema que registrara las llamadas entrantes, y nunca imaginé que haría algo así. ¡Qué lindo! Después de mandarme su sentida carta, y tras unos meses de incertidumbre, Christopher regresó. Pero esta vez, sin actitud machista y pidiéndome que volviera con él. Mi respuesta lógica fue: «¿Es que no puedes volver a ser el mismo?». Lo cierto es que estaba feliz, porque había reafirmado lo que me decía mi instinto: estábamos hechos el uno para el otro. Y me alegro de haber hecho lo que hice.

Christopher ahora recuerda cuánto cambió nuestra relación tras ser reanudada. Pensó: «¿Qué tengo que perder ahora?». Le gusta bromear diciéndome que, desde que volví con él, nunca más perdió un torneo de golf, desde entonces disfrutó de cenas gratis con mi familia y de una gran amistad con mis padres. Sobre todo, con mi padre, con quien juega golf frecuentemente. De hecho, esta fue una de las angustias principales de mi padre cuando Christopher y yo rompimos.

La moraleja de esta historia está en el dicho que la inició: «El que todo quiere, todo pierde». Mientras yo me preguntaba sobre sus intenciones y me cuestionaba «¿Qué tiene que ver todo esto con el amor?», Christopher desesperadamente se armaba de fuerza interior para pronunciar las tres frases mágicas: una casa, un trabajo estable y una cuenta corriente. Lo quería todo y, en un momento dado, lo perdió todo. Le doy gracias a la persistencia de mi familia: «¿Dónde está Christopher? ¿Qué le hiciste? ¿Adónde fue?». También le doy gracias a la perseverancia de Christopher, porque, sin ella, me habría quedado sin una de las grandes bendiciones de mi vida y, unos años después, también habría perdido mi otra dicha: nuestra preciosa hija, Sofía Daniella. Es cierto, todas las relaciones afrontan retos. Pero si eres sincero contigo mismo y con tu pareja, si hay comunicación y se conectan, se puede superar cualquier obstáculo. Confía en mí: ¡Merece la pena el esfuerzo por las compensaciones que ofrece!

«El que da primero, da dos veces».

No existe una pelea justa, sobre todo cuando es personal. Todo lo que sucede fuera de un cuadrilátero de boxeo es privado. Particularmente, en el peligroso terreno de las relaciones. Por ello, el primero que lanza un insulto en una discusión marital, es el que «pega» más fuerte. Cuando eres el primero en insultar, estás acorralando a tu pareja «contra las cuerdas» y condenándola a defenderse como buenamente pueda durante lo que dure la pelea. Como las cosas nunca son equitativas, ¿por qué querrías poner a tu pareja en semejante posición? Cuando recurres al insulto no estás discutiendo, sino atacando groseramente a la persona que amas. Es sano discutir cuando dos personas están en desacuerdo. Pero si se empieza con agravios, entonces es un ataque. ¿Por qué le harías eso a quien se supone que está de tu lado?

Una de las cosas más dolorosas que puedes hacerle o decirle a tu pareja es mandarla a callar. Degradarla con comentarios soeces es hiriente y puede provocar problemas aún mayores en el matrimonio. Lo irónico es que solemos decir «cállate» sin damos cuenta y por cosas insignificantes. Pero no hay nada de inocente en ello. En la milésima de segundo que tardamos en decirlo, estamos anulando la opinión y autoestima de nuestra pareja. Esta es la persona con la que te casaste y a la que amas. Por mucho que creas que tus palabras nacen de la frustración, o que ni siquiera les das importancia porque lo haces de manera inconsciente, sí afectan. Es tu deber ser la única persona en este mundo que nunca desautorizaría a tu esposo o esposa. Al despreciarla, la estás abandonando emocionalmente. No olvides estar de su lado. Todo lo que hagas dentro del matrimonio debe ser una labor de equipo. Debes comprender que es de humanos cometer faltas y que no debemos hacer una montaña de un grano de arena.

Incluso en aquellas ocasiones en las que no seas capaz de reprimirte y acabes discutiendo con tu pareja, aprende a perdonar y a olvidar. Mi madre dice: «Perdonar es divino». Procura no remover reproches o errores pasados de tu pareja a la menor ocasión. Debes aprender a olvidar y a mirar hacia delante. Perdónense siempre, independientemente de quien tenga la razón. Si dispensas a una persona de corazón, entonces podrás dejar atrás el altercado. Como si nunca hubiera sucedido. El verdadero perdón implica olvidar. La capacidad de perdonar te da fortaleza y robustece tu matrimonio.

Me da vergüenza admitir lo que voy a contar, porque amo a mi marido. Una vez tuvimos una terrible pelea y el motivo mezquino que la provocó me abochorna. Para colmo, llegué a amenazar a Christopher con el divorcio al decirle: «¿Por qué no te vas?». A lo que él me respondió: «Si así lo quieres, así lo haré». Después comprendí el daño que le infligí. Cuando advertí el dolor en su mirada, aprendí a pensar dos veces antes de actuar o decir algo semejante alguna otra vez en mi vida. ¿De verás podía usar la palabra «divorcio» con mi esposo? ¡Qué estupidez! La realidad es que había herido a la persona que amo en una discusión. Y para mí fue el peor de los sentimientos.

Cuando dos personas que se aman discuten, ninguno sale ganando. Sobre todo, si tenemos en cuenta que las peleas más grandes surgen por las diferencias más insignificantes y necias. ¿Mereció la pena? Desde luego, para mí no. Y espero que te tomes en serio esta lección para evitar hacerle daño a las personas que quieres. No vale la pena, bajo ninguna circunstancia. El matrimonio es demasiado valioso para arriesgarte por semejante basura. Reconozco que lo más difícil del mundo es morderse la lengua cuando estás dolido o enfadado. Lo que deseas es darte la vuelta e insultar al otro. Te aconsejo que recuperes la compostura y recuerdes a quién tienes delante.

Cuando estás en el fragor de la discusión, es muy fácil dejarte llevar por lo que el otro te dice y tomártelo como un insulto personal. Cuando discutimos, es natural que a veces pasemos por alto que lo que estamos a punto de decir es grosero y despectivo. Como le digo a mi esposo: «El que tiene boca se equivoca». Por ejemplo, Christopher tiene una combinación de macho borícua-neoyorquino que se manifiesta en su forma de expresarse rápida y secamente. Es su manera de ser. Aunque no pretende ser maleducado, a veces puede parecerlo si se le toma al pie de la letra. A veces emplea un tono condescendiente cuando discutimos. Yo podría responderle con un ataque y convertir una insignificante discusión en una guerra. Pero me es más fácil ignorarlo y pasarlo por alto, mientras lo escucho y procuro comprender su punto de vista. En tiempos de crisis, esa es la clave. Pasa por el tamiz la sal, la pimienta y el aderezo e intenta averiguar qué te quiere decir tu pareja. Deja pasar ese instante y, más tarde, retoma el motivo de la discusión. Pero hazlo sin referirte a la pelea que tuvieron.

En el caso de que tu pareja se enfade y te ofenda en público, más adelante déjale saber, con tacto, que te disgusta que se dirija a ti de esa forma delante de otros o en privado. Esta es mi mejor opción, porque Christopher es mi marido y lo amo. Fue a quien elegí para compartir y construir una vida en común. Cuando lo escucho y no me presto a echar más leña al fuego, desarmo a mi esposo, tanto si está o no está en lo cierto. Christopher ya sabe que cuando no lo rebato es porque sus argumentos o su punto de vista son tontos. Esta estrategia se ha convertido en un arma poderosa para mí. ¡Incluso más útil que «IRAC»! Basta una mirada para que él sepa lo que ha hecho.

La vida es demasiado breve para permitir que la estropeen palabras necias. Así que la próxima vez que discutas con tu pareja, recuerda el dicho de mi madre: «A palabras necias, oídos sordos.». Sé sincero contigo mismo al preguntarte, con el corazón en la mano, por qué sendero te llevará lo que estás a punto de decir o hacer. ¿Te estás haciendo justicia? ¿Acaso es justo para con tu pareja? ¿Y en lo que concierne a tus hijos? Sobre todo, ¿es esto lo que deseas para tu matrimonio? Nunca olvides que estás casado y que te comprometiste a vivir con tu pareja para hacerse felices mutuamente. Nadie te obligó a contraer matrimonio. Fue tu elección y eres tú quien debe rendir cuentas por ello. Con esto no quiero decir que no haya excepciones. Algunos matrimonios son dañinos y lo mejor es separarse (por violencia doméstica, infidelidad, etc.). Pero yo me refiero a los matrimonios que, en esencia, son positivos y sólidos y quienes los forman son buenas personas, pero permiten que los sinsabores de la vida irrumpan en la intimidad. Sólo necesitan encontrar la forma de permanecer unidos cuando navegan en aguas turbulentas.

DIVORCIARSE O NO: ESA ES LA CUESTIÓN

«Antes que te cases,
mira lo que haces».

En la cultura latina, el matrimonio es sagrado. Siempre ha sido así, lo es hoy en día y esperemos que siga siéndolo por el bien de nuestra cultura. Antes de dar un paso tan decisivo como casarte, debes tener en cuenta que el matrimonio es una responsabilidad de por vida. Nuestra cultura siempre nos ha enseñado que uno se enamora, se casa y hace voto de respeto y fidelidad para toda la vida. Mi madre me dice: «Recuerda «mi'ja», para nosotros es una promesa sagrada. Para mantener vivo el matrimonio y tener una relación estable, son esenciales el amor, el respeto mutuo, la comprensión y la paciencia». En cuanto al divorcio, su consejo es el siguiente: «En mis tiempos y en los de mis padres el divorcio era inconcebible. Buscabas soluciones a los problemas que tenías porque el matrimonio era sagrado. Hoy en día la gente se casa por casarse. No porque se trate de un amor sagrado o porque se quiera la sagrada institución de la familia. Tal vez esto sea lo más triste».

En más de una ocasión me he preguntado si soy capaz de estar a la altura de tan sagrada institución, a lo que mi madre me ha dicho: «¿Recuerdas lo que te dijo el padre Alden antes de casarte?». En efecto, lo recordaba. Justo antes de casamos, durante nuestra entrevista «prematrimonial», lo primero que el sacerdote católico nos preguntó a Christopher y a mí fue: «¿Cuántos años llevan sus padres casados?». Le contestamos que nuestros padres, por ambas partes, llevaban más de treinta años casados. A lo que el padre Alden respondió: «Bien, ya hemos acabado». Nos sorprendió su respuesta, porque sabíamos que el propósito de la entrevista era asegurarse de que, como pareja que estaba a punto de pasar por el altar, éramos conscientes de la importancia del matrimonio y su carácter sagrado. En cambio, el cura nos dijo: «Les irá bien. Ya tienen una base sólida sobre lo que es el matrimonio. Han visto el esfuerzo de sus padres por mantenerlo a flote, ¿correcto? Entonces, los dos están listos». El padre estaba en lo cierto. Mi madre me dijo que yo tengo estos valores y que sé en qué consiste el matrimonio. Tenía los principios necesarios para sacar adelante mi matrimonio a lo largo de los años.

¿Por qué hay parejas que consiguen seguir juntas en momentos de crisis y otras piden el divorcio sin pensarlo dos veces? Es evidente que hay crisis difíciles de superar, como la muerte de un hijo u otras tragedias familiares. Otras amenazas que enfrenta el matrimonio es cuando la pareja deja de comunicarse, se abandona y pierde contacto con el otro. Más allá de las circunstancias externas, la decisión de tirar la toalla tiene mucho que ver con las creencias y valores que marido y mujer tienen como individuos.

Imagina que tu escala de valores es como una cebolla. La capa exterior es lo que crees verdadero en tu vida, por medio de lo que has aprendido y has tomado como propio. Por ejemplo: «No creo en el divorcio porque no les querría hacer daño a mis hijos». Más abajo, en una capa más cercana al centro, se encuentran los principios morales y valores que has aprendido directamente de tu familia y parientes: «Mis padres se divorciaron y no quiero pasar por lo mismo». La próxima capa contiene tus creencias religiosas y todo aquello que proviene de un Ser Superior: «El pastor dijo «hasta que la muerte los separe», y creo que todo lo demás va contra los deseos de Dios». El eje de tus creencias, «el centro de la cebolla», es de donde parte la mayoría de tus actos. Es tu centro de la tierra. Y es aquí donde radica todo lo que has aprendido, tus creencias y lo que has absorbido a través del ejemplo de tus padres y seres queridos.

Si reflexionas sobre ello, verás que todas las decisiones que tomamos en tiempos de crisis (marital o de otra índole), tienen su origen en el «síndrome de la pelea o de la huída». En pocas palabras, esto quiere decir que, cuando las cosas se tornan negras, se activa un químico denominado adrenalina, e instintivamente elegimos quedarnos para «dar la batalla» ante el peligro, o nos decidimos a «huir» y escapar del conflicto. En la medida en que comprendas los mecanismos de tus instintos, sabrás lidiar mejor con las crisis matrimoniales o de otra naturaleza cuando éstas surjan. Independientemente de si tiendes a luchar o a huir, si tienes conciencia de ello, podrás manejar la situación antes de cometer un error y echar por la borda algo tan sagrado como tu matrimonio. Si tu instinto te indica que huyas porque estabas programado para hacerlo o por cualquier otra razón, entonces racionalízalo y acéptalo. Acto seguido, respira hondo y, una vez procesada esta información, piensa bien de qué estás a punto de huir. Tu matrimonio está en juego.

Tiene que haber un propósito mayor y personal que no suele estar relacionado con tu pareja o con el matrimonio en sí. Debes buscar en tu interior lo que te motive a cumplir tu compromiso, a esforzarte por superar la crisis y a fortalecer tu matrimonio más que nunca. En mi caso, me aferro al matrimonio porque amo a mi esposo y es mi mejor amigo. He llegado a la conclusión de que sólo compartiría mi vida con él. No me imagino con nadie más. Mi esposo es una parte de mí tan fuerte y vital, que ¿cómo podría estar sin él mañana o de aquí a diez años? Cuido de esta parte tan fundamental de mí como de otras parcelas de mi vida. De mis padres he aprendido que debo conectar a mi esposo a todos los aspectos de mi existencia, y no sólo verlo como la persona que me encuentro en casa todas las noches. Mi marido no es una entidad separada de mí.

Cada persona es distinta, pero mira los ejemplos a tu alrededor: tus padres, tus abuelos, etc. Observa lo que te rodea. La cultura latina es una fuente de fortaleza. Debes buscar una razón más profunda para mantenerte dentro de uno de los vínculos más fuertes que la vida nos ofrece.

Consejo Breve

Di «lo siento» cuando debas hacerlo. No importa quién comenzó la discusión o quién tiene la culpa. Mientras más pronto ofrezcas disculpas, más rápidamente acabará la disputa. De esta manera, podrán solucionar el problema
en vez de pelear.

■ ■ ■ ■

TERCERA PARTE: *LECCIONES PARA LA FAMILIA Y CÓMO SER PADRES*

■ ■ ■ ■

Dios dijo: Ayúdate y yo te ayudaré.

Quien trabaja diligentemente, es recompensado. Hoy, es más tentador que nunca recordarlo, en un mundo en el que uno puede refugiarse en multitud de excusas, cada vez que las cosas no funcionan como quisiéramos. Ya sea por cuestión de género, de origen étnico, de edad o condición social, parece que siempre hay algo que se interpone en nuestro camino. ¿Es esa razón suficiente para rendirnos justificando nuestra falta por el obstáculo? ¿O sería más productivo ver el obstáculo como un paso a la grandeza y responsabilizarnos de ello? Como Harry S. Truman dijo, y estoy seguro que mi madre y mi padre estarían de acuerdo, «aquí se acaba el desorden». Seremos por cien responsable de la fuerza y las capacidades que Dios nos dio para superar los retos culturales, profesiona-

CAPÍTULO SIETE
UNA RELACIÓN SÓLIDA

«A los hijos se les tiene que criar con mano de hierro y guantes de seda y hay que criarlos con mucho amor, si no, no les enseñamos nada».

Hoy en día los niños corren el peligro de recibir influencias de todo tipo. Si no están en contacto con las directrices morales y la guía de su familia, se enajenan de los aspectos más importantes de la vida. Hay un dicho que lo dice todo: «Árbol que crece torcido, nunca se endereza.» Por ello, creo que es de suma importancia la crianza de nuestros hijos en los primeros años, porque es cuando trazamos la personalidad de los niños y su carácter en general. Es en esta época cuando se crea el vínculo familiar, al que, más adelante en la vida, volverán una y otra vez.

La irrupción de cualquier evento o una persona determinada en la vida de un niño,

113

lo puede arrastrar. Cuando no tienes un vínculo con alguien o un propósito en la vida, se desconectan de la lógica y el sentido común, dos de los aspectos más valiosos de la vida. Los padres somos los que les proporcionamos a nuestros hijos el sentido común.

UNA ACTITUD POCO SERIA

«Como se vive, se muere».

Mi madre siempre me dice que uno debe aprovechar la vida y no subestimarla. Nada ocurre por casualidad, salvo un paseo por la calle en un día de primavera. Sin embargo, he podido observar que las nuevas generaciones tienen una actitud preocupante sobre las cosas importantes de la vida: las relaciones, el matrimonio, la familia, la paternidad. No es una coincidencia que las tendencias políticas y sociales de las últimas décadas han comenzado a reflejar este comportamiento informal.

Tanto en mi programa de televisión como en la vida real, he observado que los jóvenes tienden a ser condescendientes con la familia: «¡Qué horror, tengo que pasar el Día de Acción de Gracias con mi familia!»; con el matrimonio, «Bueno, siempre me puedo divorciar si las cosas no funcionan.»; y lo que es peor, con los hijos: «No tengo ganas de cuidarlo, hazlo tú.». De alguna forma, hemos olvidado que son las cosas más importantes de la vida, y no las menos importantes. Si no valoramos esto, no podemos apreciar otros asuntos, como la diferencia entre el bien y el mal, el respeto por los otros, la ética de trabajo. Así como todos esos pequeños y maravillosos detalles que permiten que el mundo siga su curso.

Mis padres me enseñaron que todo tiene una razón de ser y un propósito. En ocasiones puede resultar tedioso llegar a este punto, pero debes estar agradecido de dónde has llegado y lo que has conseguido hacer. Hay una razón detrás de todo acontecimiento. Debes darle gracias a Dios por lo que tienes, porque hubo una razón que lo hizo posible. Si crees en ello, generarás un momento de impulso en tu vida. Aprenderás y te superarás con cada error e irás hacia delante con cada victoria y cada conquista.

La relación de un niño con sus padres es fundamental, sobre todo con la madre. Yo tengo una relación especialmente estrecha con mi padre y mi madre. En particular, con mi madre. Se lo cuento todo, porque es mi mejor amiga. Nuestra complicidad es sorprendente y a más de uno le puede parecer incluso insana. Pero a mí, me parece que la relación que tengo con ellos no tiene precio.

Puedo contar con ellos porque siempre están dispuestos a apoyarme. Ese tipo de confianza inquebrantable y seguridad proporcionan la estabilidad que todo niño merece. En la cultura latina es esencial tener una buena relación con la madre. En mi mundo, he ampliado esta relación hasta convertirla en una amistad que me guía y en la que me apoyo continuamente. Como suele ocurrir, uno de los aspectos más importantes de nuestra relación es saber el rol de cada uno. Mis padres saben cómo ejercer de padres con firmeza, amor y guía. Pero también saben cómo ser mis amigos y diferenciar cada cosa. Ellos desempeñan su papel y yo el mío.

«El que no oye consejos, no llega a viejo».

Mi padre una vez me dijo: «Hay dos fases en la vida: antes y después de los treinta años». Antes de la treintena, la mayoría de los jóvenes presta poca atención a los consejos que, con afán, sus padres intentan inculcarles. De pronto, cuando pasan de los treinta años, se han ido de la casa, se han casado o han tenido un hijo, esos «pequeños» consejos cobran significado y los tienen en cuenta de la noche a la mañana. Todos los dichos y la sabiduría que aprendí de mi familia, cobraron importancia más adelante en mi vida, cuando había acumulado vivencias que se relacionaban a estos consejos.

«Hay que sembrar para recoger».

Lo que define la paternidad, posiblemente lo que más la marca, es el sentido de entrega que genera traer hijos al mundo. Mi consejo a todos los padres es que siempre piensen en sus hijos antes que en sí mismos. Recuerden el dicho: «Hay que sembrar para recoger». Si no plantas la semilla correcta en tus hijos, nunca verás el fruto.

Creo que una de las cosas que te hacen ser un buen padre es la estricta supervisión y apoyo incondicional a tus hijos, para que éstos lleven a cabo sus sueños y sus metas. Enséñales a celebrar su propia singularidad. Reconoce que tienen cualidades excepcionales que nadie más en el mundo posee y anímalos a que exploten al máximo estas habilidades y talento. Quiero añadir algo más, que no se le dice lo suficiente a esta generación: ¡No hay que tenerle miedo a la competencia! Anima a tus hijos a tomar la competencia como un incentivo para mejorar, y no como una forma de poner piedras en el camino de otros.

Si quieres contribuir a la autoestima de tu hijo para que tenga el arrojo de salir adelante y superarse, debes mostrarle amor y afecto de buen grado y con generosidad. Cuando tienes la capacidad de besar, abrazar y de decirle a tus hijos «te quiero» en público, estás infundiéndoles seguridad y sentido del respeto. Mi madre me aconsejó: «Se enseña con cariño y no con violencia.».

«*Los hijos son la prolongación de nuestra existencia*».

Debo decir que este es el dicho predilecto de mi padre. Para él, se trata del proverbio más simbólico de su vida y de su percepción de cómo educar a los hijos. Estoy convencida de que vino a este mundo para ser doctor, esposo y un padre extraordinario. Su misión en la vida ha sido la de mostrarse como el mejor ser humano posible ante sus hijos. Y lo sé porque nos ha hecho partícipes de todo a mis hermanos y a mí. Mi padre lo hace todo por nosotros. Para él es fundamental que sus hijos aprendan de sus sacrificios, de su determinación y empuje, tanto en los buenos como en los malos tiempos. Es algo importante para él. Mientras mejor sea su ejemplo ante a sus hijos, mayor será su presencia y legado de aquí a dos generaciones. El lema de mi padre es: «¡Nuestros hijos son la prolongación de nuestra existencia, así que quiero tener una buena vida!».

Si tuviera que dar más pruebas de este dicho, lo único que tendría que hacer es salir con mi hija. Cuando la gente la ve, dice que físicamente es igual a mí y a mi madre. Es impresionante ver cómo la fuerza de la sangre se trasmite de generación en generación. La unidad familiar es un verdadero banco de sangre para los hijos, del cuál pueden reunir fuerzas para toda una vida.

Enséñale a tus hijos a comprender y valorar todos y cada uno de los aportes familiares. La familia crea un «valor añadido» a la identidad que le confiere al niño una base para tener confianza en sí mismo. Algo que no ofrece ni el mejor libro de autoayuda. Por ejemplo, imagina a un adolescente que duda de su futuro y de tener el talento suficiente para hacer algo de provecho. Un buen día descubre en una reunión familiar que su abuela era una renombrada concertista de piano, su abuelo un genio de las matemáticas y su tío, un escritor notable. De pronto, el muchacho ve ante sí posibilidades que nunca antes había imaginado. Tan importante es que los padres le proporcionen a sus hijos tan valiosa información, como que los hijos la busquen y la aprovechen para su propio bien.

¿Qué clase de valores, principios morales y rasgos de la personalidad vas a transferirle a tus hijos? Yo espero legarle a mi hija los mismos valores y lecciones que mis padres me enseñaron, así como las cosas nuevas que he aprendido a lo largo de mi vida. Sobre todo, espero que ella aprenda a ser compasiva, independiente y tolerante con los otros, sin caer en estereotipos. Le enseñaré a estar orgullosa de su cultura y a servirse de ella al máximo.

Como mujer latina, le haré saber que es igual a los demás, pero que posee un don especial que le sirve para todo aquello que se proponga. Espero que, mediante mi propia vida, mi hija vea lo magnífico que es ser una mujer que compagine la familia con su profesión y dedicación a la comunidad. Le enseñaré que puede ser una infatigable trabajadora, siempre y cuando no descuide sus otros deberes. Y ella debe comprender que siempre tendrá que aceptar un rol determinado. Esto no es una derrota, sino un privilegio, al igual que la vida y sus obligaciones, que son una bendición y no una simple tarea.

Los chicos (y a menudo también los padres), tienen la impresión errónea de que, al llegar a la mayoría de edad, se corta con la familia, porque van a la universidad. Quieren pensar que ya son adultos y se ofenden si sus padres todavía los consideran sus «niños».

En mi familia, cumplir dieciocho años no significaba una transición mágica. Pienso que no lo es para casi ninguna familia latina.

Eso no quería decir que, súbitamente, éramos adultos y debíamos mudarnos de la casa. Yo todavía vivía con mis padres cuando me casé, a los veintisiete años. Esto es habitual en la comunidad latina. Desde luego, no sentí la urgencia de que debía madurar a los dieciocho. Todavía tenía el derecho de ser la hija de mis padres y ellos, a su vez, lo esperaban de mí y estaban disponibles para guiarme. ¡Todavía lo están! Uno de los errores que suelen cometer los padres es asumir de manera automática que, al cumplir los dieciocho, los chicos se las agencian mágicamente sin ningún tipo de guía. Dejan a medias la labor de moldear la personalidad de sus hijos.

¡Nunca te libras de ser el hijo de tus padres! De hecho, consciente o inconscientemente, en cuanto dejas la casa paterna por primera vez (para ir a la universidad o por otros motivos), acabas por emular a tus padres. ¡Reconócelo! De la forma en que te relacionas con los demás, como cocinas, limpias y cuidas de ti mismo. ¿A quién te recuerda? Eres un reflejo exacto de las personas de las que te has intentado separar toda tu vida. Por mucho que quieras independizarte, lo que experimentas de manera inconsciente es una regresión y la emulación con tus padres. A los dieciocho años piensas que te estás rebelando en un intento por no ser como tus padres, cuando, en el fondo, te comportas como ellos.

Por ejemplo, recuerdo que cuando comencé a vivir sola intentaba sazonar la comida como lo hace mi madre. Y eso no era todo, solucionaba los problemas, mantenía la armonía, limpiaba la casa y cuidaba de mis amigos del mismo modo que había aprendido de mi madre. Durante un viaje a España que hice con mis compañeros de la facultad de derecho, lo pasamos en grande, lo que no impidió que me preocupara de dónde estaban, qué hacían y si habían comido bien. Mientras ellos iban de fiesta toda la noche, yo los esperaba como una madre ansiosa. ¡Era tan dramática! Hasta el día de hoy me río cuando pienso en aquel viaje. Yo ejercía de madre porque era lo que sabía hacer, claro también me divertía.

Muchos niños crecen sin la presencia de uno o ambos padres, debido a que tienen que trabajar, pero lo que perdura es la ayuda de los padres y su guía moral y espiritual, que dura toda la vida. He podido comprobar que lo que importa no es la cantidad de tiempo, sino la calidad del tiempo que los padres emplean con sus hijos. Mi padre pasaba largas temporadas alejado de la familia por sus estudios de medicina y por el trabajo, pero lo que determinó nuestra relación entonces y ahora fue la calidad del tiempo que empleó conmigo. Prueba de ello es que una de las relaciones más sólidas que tengo es con mi padre. También es mi consejero y confidente en lo que se refiere a asuntos matrimoniales y profesionales. Nuestra relación no tiene precio y está cimentada en la calidad del tiempo que pasamos juntos.

La base de los hijos se construye a partir del ejemplo de sus padres. La relación que se establece es la parte que más influye en la vida del niño y la que determina su vida adulta. La manera de hablarles, cómo les manifestamos nuestro amor, cómo les escuchamos y cómo les miramos a los ojos, acaba por tener un efecto irreversible y permanente en ellos. Nuestros hijos terminan por ser el espejo de nosotros mismos.

«La ropa sucia se lava en casa».

Nunca discutas en público o delante de tus hijos. ¡Reconozco que Christopher y yo tenemos que mejorar en este aspecto! Cuando discutes delante de los demás o «aireas los trapos sucios» al contarles intimidades de tu pareja, estás señalando tu matrimonio de manera negativa. Por ello, nunca hables mal de tu pareja, ni siquiera con tus padres, porque enturbias su imagen ante los demás. No es justo con tu pareja que los otros sólo tengan una versión de los hechos. Nunca riñas con tus hijos delante. Mi madre siempre me ha dicho que, los jóvenes, no son capaces de distinguir entre una pelea «buena» y una «mala», pues la experiencia puede resultarles traumática. Si te enzarzas en una discusión con tu pareja, hazlo a puerta cerrada.

Consejo Breve

DEDÍCALE TIEMPO A TUS HIJOS.

Lee con tus hijos. Los padres pueden enriquecer la educación y la vida de sus hijos eligiendo libros con personajes e historias que influyan en la mente y en la moral de los niños.

Capítulo Ocho
Cómo ser un buen
ejemplo para los demás

«La familia es lo único que tenemos con toda certeza».

No es un dicho, sino una valiosa lección que aprendí de mi madre. La familia es el hilo que une a las parejas, a los padres y a los hijos. La familia es lo que une a todos los seres humanos. Cuando sufrimos una desgracia, nuestra familia nos ayuda a superar el dolor. En tiempos de júbilo, nuestra familia celebra con nosotros. Y aunque tengamos conflictos y problemas con algunos de nuestros parientes, nuestra familia nunca nos fallará.

Una de las lecciones más queridas para mí que le enseñaré a mi hija, y que espero que todos los padres se la enseñen a sus hijos, es la importancia de permanecer unidos a la familia. La cercanía no tiene por qué ser geográfica. Aunque esto me recuerda cómo, no

125

hace mucho, distintas generaciones de una familia vivían, se querían y morían bajo el mismo techo (grande o pequeño), y lo hacían sin mayor inconveniente. Cuando un pariente enfermaba, la familia se congregaba para cuidarlo. En aquel entonces no había hogares de ancianos u hospicios para entregarlos al cuidado de otros. La familia se hacía cargo porque ese era su deber. Hoy en día se percibe como una carga, o incluso como una injusticia, tener que cuidar de un familiar convaleciente. Otro lamento popular es: «¡Tengo que ver a mi familia en vacaciones! ¿Cómo voy a sobrevivir a tres días de tortura?» ¡A veces me pregunto si se refieren a la familia o a sus archienemigos!

Una madre soltera y su hija de dieciséis años se presentaron en mi corte televisiva para resolver una disputa monetaria. La chica, que estaba embarazada de un novio mayor de edad, había decidido hacerse un aborto, pero no tenía el dinero. La madre accedió a pagárselo, con la condición de que los dos muchachos le devolviesen el dinero. Al parecer, la señora creyó que les estaba dando una lección de responsabilidad. Aunque no es un dicho, me viene a la mente la vieja frase de «creo que el caballo ya salió del establo». Su hija le pagó, pero el novio no, por lo que la señora lo llevó a los tribunales.

¿Cómo pudieron enredarse tanto en esta familia las intenciones con las acciones? ¿Acaso esta señora olvidó primero ser madre por querer ser amiga de su hija? Para mí fue un caso triste, al comprobar que esta familia (en la que había más hijas), no se sustentaba en pilares sólidos. Su concepto de la familia era tan errado que, en vez de unirse, huían los unos de los otros. A los hijos se les enseña con el ejemplo.

No culpé ni hice un juicio crítico de la madre, porque lo que sentí por ella fue lástima. Es evidente que lo hizo pensando en el bien de su hija. ¿Quién era yo para decir que era una mala madre? A la vez, era su responsabilidad materna enseñar a su hija a responsabilizarse de sus actos. Esta madre en particular, simplemente se equivocó de estrategia, y ya era muy tarde para inculcarle a su hija sentido de la responsabilidad. Lo cierto es que, como madre, debió haber tenido una conversación con la muchacha antes de que cayera embarazada. Ya era muy tarde. Si hubiera charlado con su hija, por lo menos habría cumplido con su obligación de madre. Sin embargo, esta mujer antepuso el rol de amiga al de madre, y, por lo tanto, la lección de responsabilidad se perdió en el cambio de papeles.

Miré a la madre y le dije: «Sé que crees haber hecho lo correcto, pero necesitas centrarte en tu hija. Necesita una madre, no una amiga. Debes estar presente para ella». Entonces miré a la joven y le dije: «Debes saber que este chico (el novio), está destruyendo tu familia y tu vida. Si no te alejas de él, te quedarás sola. Y necesitas a tu familia». Sinceramente, creo que a esas alturas la muchacha estaba consciente de ello. Su «novio» había sido tan desconsiderado y condescendiente que, llegado el momento, la chica abrió los ojos. Sé que su madre se lo quiso hacer ver durante mucho tiempo, pero, en su capacidad de «amiga», no tuvo autoridad ante su hija. Es obvio que la madre quiso decirle: «Este tipo no tiene los valores que te estoy intentando enseñar». De nuevo, se trata de un mensaje valioso que se extravió en la confusión de hacer de amiga cuando en verdad eres la madre. Lo más descorazonador para mí fue ver lo destruida que estaba la niña porque allí, en la corte que presido, finalmente comprendió que el susodicho novio sólo le había causado problemas. Todo lo que le había ocurrido pudo haberse evitado con un poco de orientación y sabiduría por parte de su madre.

A veces los padres no son conscientes de las escasas oportunidades y el poco tiempo del que disponen para transmitirles a sus hijos las lecciones más valiosas de la vida. Por lo que, a menudo, los padres dicen «algún día se lo enseñaré» y «cuando sea el momento adecuado». Entonces, cuando llega ese día ya es muy tarde porque nunca enseñaron la lección. Los dichos, valores y sabiduría que mi familia me legó y que ahora traspaso a ti y a tus hijos, son para que los aprendas, los absorbas y vivas de acuerdo a ellos. Háblale a tus hijos de los valores que más aprecias. No esperes a un «después» que tal vez nunca se materialice.

¿Por qué no se le da a la familia toda la importancia que tiene? ¿Te has dado cuenta de que las personas que frecuentas en la vida suelen tener familias similares a la tuya? Esto no es una casualidad. Es muy probable que aprendieran las mismas lecciones familiares y siguieran los mismos ejemplos. En el caso de la madre soltera y su hija embarazada, como mucho, esas lecciones y ejemplos a seguir eran confusos. De lo contrario, la niña no se habría sentido atraída por el novio irresponsable. La gente que te rodea proviene de familias cuyas reglas eran las mismas que regían tu núcleo familiar. Puedes ganar un amigo al instante, si ambos comparten los mismos valores familiares. Estos principios son los hilos que interconectan todas tus relaciones.

Aun así, de algún modo, la percepción de la familia ha pasado de serlo «todo» a convertirse en una carga. Esta transición se ha tomado demasiado a la ligera en la conciencia colectiva. Desde el punto de vista histórico, todo lo que nos rodea en la sociedad, desde las tendencias sociopolíticas, el crimen, las cuestiones morales y la educación, parecen brotar de la percepción general que se tenga de la familia. Cuando la mayoría se toma a la ligera la institución familiar, sobre todo delante de los hijos y generaciones futuras, este punto de vista superficial se esparce con facilidad a otros ámbitos de la vida. La familia da pie a la sociedad. Es el rasgo y el valor humano que más nos define como grupo. Al educar a Sofía, estoy formando a un nuevo miembro de la sociedad. Es de vital importancia infundirle a nuestros hijos el amor y el respeto por la familia, porque esto los convertirá en individuos fuertes, con criterio y con la capacidad de respetar otras parcelas de sus vidas. Si no respetan a la familia, nunca se respetarán a sí mismos, a los demás o a la propia vida. Les será fácil ser insensibles y despectivos con los demás. Me refiero a comportamientos superficiales, sarcasmos a los que podemos ser propensos si no hay en nuestro interior una brújula intacta que prevenga esta falta.

Una de mis grandes experiencias durante los rodajes de *La corte de familia,* ha sido la de tratar problemas que afectan y sanan a la familia. Me reforzó la idea de que para la familia, el amor y la confianza son más trascendentales que el dinero.

El núcleo familiar hace las veces de brújula moral y ética. Es necesario despertar, estar atentos y conscientes de nuestras percepciones como individuos, como familia y como colectivo. ¿Qué mensajes les emitimos a nuestros hijos por medio de lo que hacemos o no hacemos? Desde la perspectiva de conjunto, ¿cómo vamos a tener grandes logros con una actitud frívola? Si nada importa y todo es desechable (desde los ingresos hasta el matrimonio), entonces, ¿qué es lo que vale la pena crear?

Espero y rezo porque Sofía nunca se refiera a mí y a Christopher como «esa gente a la que tengo que ver en vacaciones dos veces al año». Dudo mucho que así sea, teniendo en cuenta las lecciones sobre la familia que cada día le imparto por medio de mis palabras y mis acciones. Tengo la fortuna de que mis padres me inculcaron este sentido de la familia y me animaron a ello todo el tiempo. Estaban convencidos de que yo podía hacer todo lo que me propusiera. Al abrir una puerta, se me abren otras. Por la manera en que me miran y me hablan, las palabras y actos de mis padres me sirven de motor, incluso sin ellos darse cuenta.

Por ejemplo, cuando empecé con mi programa de televisión, mi madre estaba más entusiasmada que yo. Después de terminar el rodaje del programa piloto (con la preocupación de haberlo hecho bien o mal), mi madre me dijo: «Hay que darle tiempo al tiempo.». El tiempo todo lo resuelve, así que, ¿por qué preocuparse? Mi madre me ayudó a concentrarme en otras cosas, en vez de obsesionarme por una. La lección consiste en ser paciente, uno de los retos más grandes de la vida.

«Los niños y los borrachos siempre dicen la verdad».

En uno de los casos de mi programa de televisión los dos litigantes se comportaban como niños, mientras los hijos de cada uno los observaban con perplejidad. La primera vecina era una madre soltera con un hijo al que le gustaba jugar baloncesto con los amigos. La segunda vecina era una señora mayor, solterona y tozuda. En un momento dado, la mujer construyó una verja espantosa entre las dos casas, y a la madre del niño aquello no le gustó nada, por lo que acudió al ayuntamiento y notificó que la vecina había construido la valla sin tener los permisos. La señora se contrarió y el enfrentamiento entre ambas subió de tono. Entretanto, el niño continuó jugando baloncesto con los amigos y con frecuencia los balones caían al otro lado de la verja. En ese momento, con la guerra declarada, la vecina no les devolvía las pelotas. Enfadada, la madre del muchacho demandó a la señora por una indemnización de cincuenta dólares, que era el importe aproximado de los balones extraviados. Unos padres y vecinos pedían una indemnización de cincuenta dólares, provocada por la construcción de una espantosa verja entre dos propiedades.

En otro tiempo, antes de las quejas al ayuntamiento, antes de los incidentes con balones al otro lado de la valla y otras muestras de mezquindad, estas dos mujeres habían sido amigas. Cuando llegaron a mi corte, las vecinas eran enemigas. Les dije que se trataba de un asunto ridículo y les pedí que se reconciliaran y volvieran a ser amigas. Al final, fueron los dos niños los que intercedieron entre ambas y acabaron con la disputa por la verja. Las obligaron a darse la mano y ser amables de nuevo.

Este caso demuestra que a veces los adultos no son el mejor ejemplo para los niños. La simplicidad de la mente infantil puede resolver casi todos los problemas de la vida. Los niños son inocentes y puros antes de que la sociedad los corrompa con temores, estereotipos y desinformación. Debemos aprender de ellos porque nos pueden enseñar mucho. Por medio de la honestidad y la mirada del niño, podemos recuperar esa pureza. La próxima vez que te enfrentes a un problema, procura verlo desde la perspectiva de tu hijo. Piensa en las pequeñas cosas que tus padres te enseñaron (al menos eso fue lo que hicieron los míos): no mientas, no robes, sé honesto, educado, considerado con los demás, trabajador y trata a los demás como quisieras que te trataran a ti.

Consejo Breve

Es inevitable que tus hijos alguna vez presencien una discusión marital, pero no olvides que lo que pervivirá en ellos es el afecto que les muestres. Enséñales que una relación con amor puede sobrevivir a cualquier adversidad.

Capítulo nueve
Cómo transmitir la herencia cultural

«El que no sabe de abuelo,
no sabe lo bueno».

Qué significa para mi familia nuestra cultura? Se lo pregunté a mi madre y me dijo que la cultura latina es muy importante porque nos ha brindado reminiscencias de nuestros antepasados y, a través de las generaciones, ha establecido la importancia de la familia como pilar de nuestra existencia. Nuestra cultura nos ha enseñado a amar a Dios, así como el respeto y afecto por los demás y por nuestra familia. Mi madre me explicó cómo los cimientos de nuestra cultura nos han servido de guía y base. La cultura es lo que nos enseña a cuidar y proteger al prójimo, nuestros mayores, nuestros abuelos, nuestra pareja y a nuestros hijos. De esta manera, la cultura latina transmite la responsabilidad de generación en generación para que se traspase este legado.

Mis padres jamás se han avergonzado de ser latinos, ni lo han ocultado. De hecho, mi madre, que es ciudadana estadounidense desde hace más de treinta años, todavía conserva un fuerte acento y está orgullosa de ello. Mi madre y mi padre incorporan el «Pérez» a todos los aspectos de su vida: su personalidad, su identidad cultural, el idioma, su vida social, los negocios y todo lo que hacen cada día. Por medio de sus palabras y actos, mis padres me han enseñado la importancia de usar las raíces familiares para preservar nuestra cultura latina en el futuro, a fuerza de arrojo y convencimiento.

Tengo la esperanza de haber heredado este carisma, que es propio del ser latino. Quienes conocen a mi padre tienen una buena opinión de él, por sus buenos modales. Es el dinámico hombre latino por excelencia. Mi padre tiene una sonrisa deslumbrante y muy buena presencia. Es bien parecido y seguro de sí mismo. Su mirada refleja la admiración que siente por la gente en general. No le tiene miedo a repetir lo que sus padres le enseñaron, incluyendo la cultura latina como medio de relacionarse. Para mí, eso es hermoso. ¡Mi madre también es una latina única, dinámica, con curvas y pequeña! Donde quiera que va, la gente se maravilla; «¡oh, es

Aracelly!». Mi madre es cálida y sincera, y su estilo es directo y sin preámbulos. He aprendido de mis padres que somos nuestra cultura, y que no tiene sentido esconderlo.

En la casa, algunas de las reglas de mi madre son: asegurarse de que la nevera nunca esté vacía, que siempre haya mucha fruta fresca y que la casa esté limpia y lista para recibir a la visita. Esto es muy característico de la mujer latina. La idea es tener a mano las cosas y dar acogida a los demás. A veces Christopher me pregunta: «¿Por qué estás arreglando la casa? ¿Por qué compras flores? Nadie más esta en la casa». Y yo le respondo: «Estamos nosotros aquí».

Mis padres han conservado la cultura latina en nuestra familia, al seguir los ejemplos de sus padres y todo lo que les enseñaron. Las enseñanzas de mis abuelos, su fe, dedicación, sacrificios y creencias han brindado a mi familia una base moral inquebrantable. Esto, combinado con las enseñanzas y modos actuales, nos ha hecho aún más responsables de preservar este legado. Como reza el dicho, «conocer a fondo a tu abuelo» le añade un valor incalculable al legado de tu familia.

«Nadie está contento con lo que tiene».

Soy una mujer exitosa porque el calor y la sinceridad de la cultura latina me ayudan a fraternizar con mis clientes y con las personas con las que trabajo, desde los empleados de mantenimiento a los ejecutivos corporativos. Trato a todos con la misma franqueza. En lo referente a salir adelante en la vida y tratar con la gente, lo que verdaderamente conozco es la cultura latina y sus sólidos valores morales. Me ayuda a trascender idiomas, barreras culturales y me da ventaja con respecto a los demás. Me alegra tanto que mis padres nunca hayan querido ocultar o huir de su cultura. Por eso, me frustro cuando escucho que los jóvenes hacen lo posible por apartarse de la cultura latina. De pronto, no quieren ser como sus padres y se esfuerzan por disimular un fuerte acento para ocultar su lengua materna.

Le pregunté a mi madre por qué cree que algunas de las jóvenes generaciones latinas hacen lo posible por huir de su cultura. Su interesante tesis es que, de alguna manera, el «sueño americano» es un arma de doble filo. Los inmigrantes vienen a Estados Unidos y cuando llegan, la gente quiere ser «estadounidense». En este intento, se olvidan de sus costumbres y tradiciones. Los padres temen que, al mantener vivas las tradiciones culturales, generarán un conflicto con la nueva vida de sus hijos y las oportunidades que puedan tener. Pero, para preservar nuestra identidad, debemos arriesgarnos, tal y como sugiere el dicho: «El que no se arriesga, no pasa el río.».

El lenguaje es parte de la identidad de una persona. Existen casos de familias inmigrantes que deciden no enseñarles a sus hijos su propio idioma, por temor a que sus hijos sean rechazados. Es un círculo vicioso que no tiene sentido. Los padres deberían renunciar a la idea de enseñar a sus hijos a ser algo que no son. Creo que uno de los aspectos más maravillosos y estimulantes del «sueño americano», es que el potencial de superación personal aumenta con cada nueva cultura o tradición que aportamos.

Entonces, ¿por qué creemos que debemos ocultar nuestra cultura como «minoría»? El término algo peyorativo de «minoría» no responde a la realidad, las estadísticas lo dicen todo. Dicho esto, resulta irónico que todavía hoy me enfrente a algunos de los obstáculos con los que se tropezaron mis padres al llegar a Estados Unidos. En específico, el racismo y la discriminación de género. Es algo a lo que me enfrento por ser una mujer bilingüe y latina. Pero también sé que han sido y continúan siendo factores decisivos para mi éxito. Como abogada, recuerdo haber llamado a los agentes y abogados de jugadores profesionales de béisbol, y responderles a su primera pregunta: «No, no soy la secretaria del abogado, sino la representante legal de su cliente».

Nunca me he enfadado por ello, sino que lo he aprovechado como una oportunidad para enmendar este estereotipo. No estoy programada para creer que mi sexo y mi origen étnico podrían ser un estorbo. Es más, me sirvieron de impulso para destacar como abogada y luché por ser la mejor. Porque, ¿cómo sería capaz de ocultar el hecho de que soy una latina bilingüe? Son mis dones especiales. Mi idioma me ha permitido llegar a miles de personas y contactar con gente de todas las clases sociales. Mi espíritu latino me ha llevado a relacionarme a todos los niveles.

He tenido la fortuna de comunicarme con el público, cada día, por medio de mi programa de televisión. En mi papel de jueza, tengo la excepcional oportunidad de mostrarle al mundo que una latina desafía los prejuicios que tienen de nosotros: soy una persona educada, con sentido común, respetuosa y compasiva.

Mi consejo para las nuevas generaciones de latinos (nuestros hijos), es que aprendan a manejar su cultura por su propio bien. Los medios de comunicación observan, digieren y comentan todo lo que hace nuestra comunidad. Súbitamente, la cultura latina está en boca de todos porque, finalmente, hemos salido a la intemperie y la gente lo ha notado. La sociedad se ha fijado en nuestro orgullo renovado.

No sólo le ocurre a los latinos. Todos los grupos tienen una cultura, tanto si es étnica, racial, geográfica o religiosa. A veces estos grupos no se dan cuenta del tesoro y poder que da la cultura. Los grupos crean culturas donde no las había antes. Es natural relacionarlos con algo que nos trasciende. Esta es una lección importante para los niños.

Para disgusto de algunos políticos, irónicamente, hoy en día la sociedad estadounidense es mucho más abierta con los inmigrantes y las distintas culturas que conviven en el país. El proceso de enseñanza se facilita al haber menos obstáculos. En vez de entorpecer nuestra labor de enseñanza como padres, la sociedad nos está ayudando. Por ejemplo, hoy en día muchas de las atracciones para los niños celebran la diversidad y, en vez de alimentar la discriminación y la ignorancia, fomentan y promueven la tolerancia. Los padres deberían seguir estos ejemplos, e informar a sus hijos sobre todos los aspectos de su cultura. Es fundamental que sepan de qué trata y lo poderosa e importante que es.

Christopher y yo le hemos hablado a nuestra «cosa preciosa» (Sofía Daniella), en español e inglés desde que nació. Yo le hablo en español y mi esposo en inglés. Le hablamos de mis tradiciones colombianas y mexicanas, por adopción, y de las tradiciones puertorriqueñas de mi marido. Queremos que se sienta orgullosa de su cultura y de su educación.

No es difícil mantener tus tradiciones. Lo puedes hacer mediante la comida, las fiestas y las reuniones familiares. ¡Las tradiciones son la mejor excusa para reunirse y comer! La comida alimenta la cultura. Mi familia tiene algunas tradiciones un poco locas que me encantan, porque nos unen. Cuando nos reunimos en Año Nuevo, todos tenemos que comer doce uvas un minuto antes de la medianoche. ¡No me preguntes por qué! También tenemos que usar ropa interior nueva, roja o amarilla, quemar incienso en todos los cuartos y echar arroz en los rincones de la casa para que el año nuevo nos dé buena suerte. Otra de nuestras tradiciones es poner ropa en una maleta, colocarla en el baúl del automóvil y darle la vuelta a la manzana, con el deseo de que viajemos mucho ese año. La idea es, una vez más, invocar la buena suerte.

Sofía está familiarizada con todo lo que tiene que ver con nuestra cultura de una manera muy positiva. Ha aprendido todas las ventajas de ser latina: los valores de estar en la casa con su familia y parientes, la música latina y poder hablar español e inglés. Christopher y yo la hemos sacado al mundo, en vez de tenerla encerrada, como, por desgracia, les ocurre a tantos niños pequeños. Comprendo que los padres quieran proteger a sus hijos. Sin embargo, nosotros hemos enseñado a Sofía a disfrutar de diferentes comidas al llevarla de viaje y a restaurantes, mezclándola con distintos ambientes. Es nuestra manera de que sea abierta de mente y que sienta curiosidad por su cultura y la de otros, por la gente y por la vida en general. Mucho tiene que ver con la forma en que crecí, bajo diversas circunstancias, mudándonos de un país a otro y a veces en situaciones extremas. Les agradezco a mis padres que me hayan dado una vida con tanto colorido. Ahora compruebo el bien que me hizo. Nuestros padres nos criaron así a mis hermanos y a mí, por necesidad.

Creo que si nuestra hija tiene acceso a la belleza de las culturas americana y latina, tendrá más sensibilidad para con los demás y con el mundo en general. La cultura latina forma parte de ella, siempre será así y debería estar orgullosa de ello. Mi sobrina Isabella encarna el perfecto ejemplo de orgullo por la cultura propia. Ella cursa el segundo grado en una escuela exclusiva y le dice a todo el mundo que es mitad mexicana y mitad colombiana. Mi sobrina pronuncia su nombre con un acento intacto y con orgullo. A la niña le encanta ir a México, trenzarse el pelo y presumir de ello cuando regresa al colegio. Le fascina ser la favorita de la maestra en la clase de español. Su papá ha convertido en un juego enseñarle a Isabella las tradiciones de la cultura mexicana. Por ejemplo, el «Día de los Muertos» improvisan un altar con fotografías de familiares que han fallecido recientemente, para conmemorar su recuerdo. También le gusta llevarla al este de Los Ángeles para comer tamales.

Si logro enseñarle a Sofía que sienta el mismo orgullo por sus tradiciones y que, a la vez, se divierta aprendiéndolas, sé que esto la hará fuerte en la vida. El contacto, de diversas maneras, con otros le abrirá nuevas puertas y le dará una seguridad en sí misma que nadie podrá arrebatársela. ¡A veces me maravillo cuando veo que, a pesar de ser pequeñita, ya carga con tanta historia! Si padres e hijos aprenden a aprovecharlo, pueden contar con mucho poder.

En general, creo que a Sofía le será más fácil por ser multicultural y latina. Creo que la sociedad y la mayoría de las personas aceptan y abrazan la diversidad. Comienzan a comprender que Estados Unidos es un crisol de culturas y la oportunidad de asimilarlas es beneficiosa para todos. De aquí a veinte años, Sofía tendrá grandes ventajas, porque todo progresa y mejora con el paso del tiempo. No creo que se tropiece con las barreras que las minorías han tenido que enfrentar a través de la historia. El sufragio de las mujeres, el movimiento de derechos civiles y los pasos que los latinos dan hoy en día para promover el conocimiento, la comprensión y la aceptación de las actuales y futuras generaciones multiculturales, han hecho mucho por hacer avanzar la sociedad y crear más oportunidades que nunca.

Mientras todo esto tiene lugar, mi consejo para Sofía es que siempre recuerde lo que su madre y su abuela le han enseñado: siempre y cuando no se aleje de sus valores y tradiciones, todo irá bien. Tendrá que comprender que siempre habrá algún grado de racismo y sexismo, pero creo que lo pasará mejor que los excepcionales parientes que la han precedido, allanando el camino de su futuro.

Mis abuelos vivían en su Colombia natal, en Sudamérica, por lo que no tuvieron por qué enfrentarse a ningún reto cultural, en cuanto a lo que implica emigrar a un país nuevo. Mis padres fueron los primeros de sus respectivas familias en trasladarse a Estados Unidos y experimentar el típico «choque cultural», que ocurre cuando los inmigrantes llegan a una tierra completamente ajena y deben aprender a sobrevivir. A pesar de su educación y de su experiencia, el reto fue monumental a la hora de encontrar empleo. No pudieron trabajar al nivel que les correspondía, porque era una cultura totalmente nueva para ellos. Puedes ver cómo la condición de inmigrante golpea tu autoestima.

Por causa de las barreras idiomáticas, profesionales y culturales, de pronto los inmigrantes recién llegados se ven al final del escalafón social. Conozco a una señora que era una prestigiosa siquiatra en Perú y ahora, como consecuencia de la barrera cultural que enfrenta como inmigrante en Estados Unidos, es una niñera. La gente no comprende que el hecho de que aquí sean trabajadores no cualificados, no significa que siempre lo fueron en sus países. Después de más de cuarenta años, mis padres todavía se enfrentan a estas barreras.

De alguna forma, la ignorancia propicia estos escollos. Con frecuencia, la gente no piensa antes de abrir la boca. Si nos detuviéramos a calibrar las implicaciones y el efecto que nuestras palabras pueden tener en los demás, en gran medida, solucionaríamos este tipo de torpezas.

El reto multicultural más grande al que me he enfrentado en mi vida, es el de formar parte de dos mundos: nacida en Estados Unidos, criada en México y, después, trasplantada aquí como una ciudadana latinoamericana. Soy latina. Es mi cultura original y el español siempre será mi idioma natal. Mi mayor reto ha sido balancear estos dos mundos. Tuve que encontrar formas para beneficiarme de ambas identidades. Para mí, no ha sido una rémora el hecho de no ser cien por cien una cosa o la otra, pues he llegado a la conclusión de que, más que nada, tengo un don especial. He aprovechado todas las oportunidades que mis abuelos y mis padres me brindaron. He respetado mis orígenes y he vivido en armonía con mis tradiciones, sin sacrificar un mundo por el otro, sin pertenecer del todo a uno u otro y sintiéndome orgullosa de ambos.

En cuanto a Sofía, espero que no tenga que enfrentarse a estos retos culturales, después de haber aprendido a balancear e incorporar sus dos mundos culturales. Sus antepasados le han facilitado el camino y esto es algo que los padres deben tener en cuenta. Al fin y al cabo, ¿acaso no estás dispuesto a hacer lo sea por tu hijo? Los inmigrantes están dispuestos a todo por sus hijos. Son capaces de resistir los embates del racismo, la discriminación y el odio, por el bien de ellos. Cuando procuran protegerlos de la dura realidad y de las limitaciones del inmigrante, lo hacen para garantizarles mejores oportunidades en la vida.

Enséñale a tus hijos que nunca olviden su procedencia. Siempre deberían estar contentos y orgullosos de ser quienes son: un reflejo de su familia y sus valores culturales. Cuando en mi programa de televisión los participantes se peleaban, se hacían trampas o creaban un mal ambiente, yo les preguntaba: «¿Es así como te educaron? ¿Esto es lo que aprendiste de tu familia? ¿Qué falló en tu vida para que te hayas apartado tanto de las enseñanzas de tus padres?». Hay un dicho que aconseja: «Debes estructurar tu vida de una forma que siempre te permita recordar quién eres». Espero que Sofía construya su vida en torno a su identidad y los valores de sus tradiciones. Y recuerda: «Las palabras mueven, pero el ejemplo arrastra».

Consejo Breve

Muéstrale a tus hijos los sabores de tu cultura. Tanto si es por medio de la comida o de bailes, como la salsa. Las actividades culturales son formas maravillosas de traspasar tus tradiciones más queridas.

■ ■ ■ ■

Cuarta parte:
Lecciones para el centro de trabajo

■ ■ ■ ■

CAPÍTULO DIEZ
EL FEMINISMO CONFUNDIDO

«¿Usted no sabe que de la mujer nace el hombre? Somos indispensables».

Creo que todo el movimiento feminista comenzó simplemente debido a que demasiados hombres insultaban a demasiadas mujeres con la desagradable frase: «¡Eres sólo una mujer! ¡Tú no sabes nada!». Finalmente, las mujeres dijeron: «¡Basta ya!», y crearon el movimiento feminista para callar a los hombres. Bueno, tal vez esa no es la versión histórica oficial, pero hay algo válido en esto: de las mujeres nacen los hombres. Sin mujeres no habría hombres, por lo tanto ellos deberían ser más cuidadosos en su trato hacia nosotras.

Históricamente, en la cultura latina las mujeres han sido vistas como la parte más débil, pero también como la más importante de la familia. El padre creía firmemente que la razón para que las mujeres se mantuvieran en casa, adoradas y sobreprotegidas, es que ellas eran los pilares de la familia. En el pasado, el trabajo fuera de la casa no era siquiera una opción para las mujeres, porque ellas debían estar en casa protegiendo y sirviendo a su familia. ¿Les suena esto como «el sexo débil»? A veces, el concepto masculino de debilidad es al revés. Con todas las tareas y responsabilidades con las que tienen que lidiar, las mujeres nunca han sido débiles. ¡No han tenido la oportunidad de serlo!

Por su parte, mi padre siempre ha reconocido que el papel de una mujer, en especial el de la «madre de familia» es el trabajo más duro del mundo. Él se refiere en broma a las madres como «esclavas». Ahora, combina eso con la «mujer que trabaja» y obtendrás un ser humano extremadamente valioso. Si los extraterrestres miraran hacia abajo y observaran los diferentes cometidos de las mujeres, especialmente su energía en la casa y en la oficina, ¿no asumirían naturalmente que las mujeres son los seres más poderosos del planeta? Ciertamente esto les parecería así, pero el síndrome de «eres sólo una mujer» aún queda como rezago.

En mi programa de televisión, los hombres querellantes frecuentemente se quejan: «¡Mi mujer solamente se ocupa de los niños y la casa!», como si ese trabajo fuera más fácil que su manera de ganarse la vida. Por eso, muchas veces quisiera poder obligar a los hombres a quedarse en casa por dos semanas y hacer el trabajo de su mujer y que me contaran luego sobre sus resultados. Sería divertido ver al hombre regresar a mi sala de audiencias, todo compungido, diciéndome: «¡Fue un infierno! ¡Lo detesto! ¡Pobre de mi mujer!». Como dice la frase en inglés, ¡no se debe juzgar hasta que «uno se haya puesto en los zapatos de la otra persona»! O en este caso, caballeros, ¡hasta haberse puesto las zapatillas de su esposa! Y bien, ahora ustedes han conocido la verdad sobre mí. Después de haber expuesto a lo largo de este libro las virtudes de las amas de casa tradicionales, conociendo mi papel como esposa y encargada de mi hogar y familia, debe haber quedado claro que en realidad no soy una feminista, ¿no es así? ¿Soy como una de las mujeres de las series cómicas de la televisión de los años 50? ¡Pues no! La verdad es que soy ambas cosas: una mujer hogareña tradicional y una profesional reconocida. Me parece oír estallar la cabeza de Gloria Steinham en alguna parte.

Cuando entendí esto sobre mí misma, en 2003, comencé a denominarme una «feminista confundida»: alguien que lo quiere todo en su centro de trabajo y, al mismo tiempo, lo quiere todo en el hogar. En ese momento, había mucho en juego para mí: una carrera exitosa como abogada, programas de radio y televisión, y por encima de todo estaba embarazada. Aún así, cumplía mis tareas domésticas desde el sitio de grabación del programa, y llamaba a mi esposo y le preguntaba: «¿Cómo estás, amor?, ¿te fue bien hoy?, ¿qué quieres que te haga de comida?».

Literalmente, trabajé a este ritmo en todas las cosas antes de que Sofía naciera. Pronto estuve muy cansada de mí misma, al querer ser tratada como una mujer y al tratar también de probar que no se me debía considerar débil, simplemente por estar embarazada.

Incluso, más allá del embarazo, había mucho más que demostrar: que era independiente e inteligente, pero que al mismo tiempo era una mujer. Las dos cosas a la vez, débil y fuerte. Una mujer, pero sin querer ser tratada como una mujer… ¿Se dan cuenta cuánto yo pensaba que había que demostrar, cuando en realidad no tenía nada que demostrar? De cualquier manera, la mayoría de las personas, en realidad, me ve en primer lugar como abogada. Pensamos que, como mujeres, debemos comunicar este grandioso mensaje sobre nuestra identidad al resto del mundo, como si realmente esto le interesara a los demás. Debemos relajarnos, tomar un descanso y comenzar a ser seres humanos normales, sin tratar de hacer tanto esfuerzo para probarnos ante nosotras mismas.

¿No les parece esto un síndrome muy común en las mujeres? Yo sé que no soy la única feminista confundida que anda por ahí, así que ¡levántense y háganse notar! Ser una feminista confusa significa que, como persona exitosa de negocios, a veces es fácil olvidarse de que somos mujer en el más puro sentido de la palabra. Nuestro grito de lucha es: no me molestes en el trabajo, pero cuídame en el hogar. Querer que mi esposo sea el proveedor de la economía familiar, no me hace ser menos feminista.

Tengo un grupo de amigos cercanos del sexo masculino con quienes asisto a conferencias de derecho. Ellos me cuidan como mujer, y yo nunca esperaría que me trataran de otra forma. Si yo fuera una «feminista» de verdad, nunca les permitiría que me trataran de esta manera: me abren las puertas, no me dejan pagar por nada, cuidan mi seguridad dondequiera que vamos. A mi esposo le agrada saber que tengo amigos tan considerados y le da tranquilidad saber que alguien me cuida cuando él no puede hacerlo. Una feminista pudiera sentir que estas acciones de gentileza, de alguna manera, disminuyen su fuerza como mujer profesional, y les dirían: «¡Puedo hacerlo por mí misma!». Es una contradicción maravillosa ver cómo estos hombres, que son mis iguales, me tratan como a su hija o hermana. Yo puedo dirigirme a ellos con facilidad, darles un beso y un abrazo, anudar sus corbatas y arreglar sus ropas. Ellos no me ven como una mujer tonta o como alguien que está tratando de demonstrar algo para obtener un resultado a cambio. Simplemente soy yo misma, como amiga y mujer genuina. Si ellos no se confunden, entonces, ¿porqué habría de hacerlo yo?

La otra persona que no está confundida acerca de las diversas responsabilidades que tengo, posiblemente la más importante persona en este aspecto, es mi esposo. He dicho antes que no se puede decir lo mismo sobre cada matrimonio. Sin embargo, me ha servido el hecho de que mi esposo y yo tenemos una relación equilibrada porque dependemos el uno del otro y sabemos cuál es nuestro lugar. Esto nos ha ayudado a desarrollar un nivel de respeto, admiración y dependencia saludable, del uno al otro. Creo que si la sociedad adoptara esta actitud, las personas tal vez podrían tener relaciones más fuertes y mantendrían con más solidez este vínculo. El resultado es un nivel de comodidad y confianza debido a que se tiene una unión verdadera, un matrimonio que ofrece solaz a ambas partes. Mi esposo y yo nos entendemos el uno al otro como seres humanos y sabemos los valores que son importantes para cada uno. Por supuesto, los dos somos humanos y discutimos a veces, pero la base del equilibrio siempre está ahí.

En el matrimonio, esperamos demasiado de la otra persona sin explicar por qué lo esperamos, sea del hombre o de la mujer. ¡Las mujeres resultan ser excepcionalmente buenas cuando se trata de criticar a sus maridos! Pero al final del día, sé que mi esposo me respeta como una buena persona de negocios, esposa y madre. Me aprecia más por lograr un equilibrio entre estos papeles y lo atraigo más por eso. Esto dice mucho de Christopher, en el sentido de que no se siente amenazado por la enorme cantidad de papeles que desempeño en la vida. También dice mucho del nivel de comodidad que hemos alcanzado en nuestra relación: la intimidad emocional vital para conservar un matrimonio. Conocer todas nuestras tareas fomenta la autoestima, y no hay nada confuso en esto.

«Querer es poder».

Mi esposo me dice constantemente: «Tienes lo que dices». Si de verdad quieres algo, puedes hacer que se logre. Seas joven o mayor, hombre o mujer, si quieres algo verdaderamente y pones tu mente en ello, seguramente lo lograrás. Este es un dicho poderoso para ambos sexos y es aún más abarcador que el concepto en sí mismo de «feminismo».

Mi primer acercamiento al feminismo (a pesar de que no tenía ni idea de la palabra en ese momento) fue cuando estaba en la escuela y leí sobre Elizabeth Blackwell (1821–1910), la primera mujer médico de Estados Unidos. Leí sobre cómo fue discriminada y rechazada sólo por ser mujer, durante su proceso de admisión y durante la mayor parte de su práctica médica escolar, hasta que se graduó como primera de su clase. Me dije a mí misma «¡Vaya! a la gente no le gustaba ella por ser mujer y doctora». Aunque yo era una niña, esto me pareció ofensivo. En ese momento me di cuenta, justo a partir de la lectura de esta historia, que las mujeres lo pasan peor que los hombres, sólo por ser mujeres. Sorprendentemente, a tan temprana edad, esto no me preocupó. Sabía que yo no cambiaría la sociedad. Esta mujer increíble me dio una profunda conciencia del problema y nunca la he olvidado. De Elizabeth Blackwell aprendí el concepto de feminismo antes de conocer la palabra. No obstante, a pesar de lo importante de esta experiencia, no puedo asegurar verdaderamente que Elizabeth Blackwell despertara una pasión feminista en mí.

Saqué mi fuerza como mujer de mi familia. ¿Les sorprende realmente que yo haya sacado fuerza de mi familia para otras áreas de mi vida? La razón de esta fuerza es mi padre, la «cabeza» masculina en nuestra familia, el hombre macho tradicional... y la total contradicción. Él siempre me crió, al igual que a mi hermana y a mi hermano, con los mismos valores y la misma actitud de «lucha por lo que quieres». Nos decía que podíamos hacer todo lo que quisiéramos, sin diferenciar nunca entre mi hermano y yo, o entre lo femenino y lo masculino. El hecho de ser mujer nunca venía a colación, a excepción de la obligación de regresar temprano, o el obligar a mi hermano José a que fuera a las fiestas conmigo, lo que para mí era como si él fuera un padre que cuidaba a su hija, y no machismo.

El consejo de mi padre para todos nosotros era «asegurarse de terminar la escuela, ser feliz y elegir lo que uno quiera hacer». Al tratarnos y darnos crédito por igual a todos, mi papá me enseñó indirectamente lo que era el feminismo. Era muy raro que un hombre macho latino tradicional hiciera eso, y ahora lo aprecio aún más. Es muy posible que haya sido él la raíz de mi feminismo confuso. ¿Fue mi padre el verdadero primer feminista confundido?

El feminismo es muy similar para las culturas latina y estadounidense. Lo que se llama una «mujer dominante» en la cultura estadounidense es la «vieja» de la cultura latina. Los dos términos de ambas culturas se refieren a las mujeres que los hombres consideran ogros fastidiosos y regañones, particularmente en el centro de trabajo. Mis amigos hombres a menudo me dicen: «¡Tú no eres una vieja típica!». Ellos se refieren a las mujeres que sienten que tienen algo que demostrar y que no temen hacérselo saber, constantemente, a todos los que las rodean. Estas mujeres dicen: «¡Ustedes deben respetarme porque soy una mujer!». Yo digo: «¡Ustedes deben respetarme porque soy un buen ser humano, una profesional tan inteligente como ustedes, y da la casualidad que soy una mujer!». Para mí, el sexo siempre es secundario, porque es así como mi padre siempre me lo describió. Cuando los hombres ven este enfoque, entonces te tratan como a una profesional y como a una dama.

Mi madre también nos inculcó aquello de: «mi'ja, tú puedes hacer lo que quieras». Sin embargo, a diferencia de mi padre, ella sí puso de relieve el sexo, al decir: «Tú eres una mujer, pero puedes hacer lo que quieras».

Respeto esto porque fue mi madre quien siempre quiso ser abogada, pero no pudo serlo porque era la mujer mayor, la matriarca, de una familia numerosa. Ella es la persona más inteligente, vivaz, creativa, mejor balanceada y con más recursos que conozco. Así que cuando ella ponía de relieve el sexo, yo sabía que era algo positivo. Cuando le conté por primera vez a mi madre mi sueño de ser doctora, me dijo: «Tú puedes hacerlo porque ya hay mujeres que son doctoras». Gracias a usted, Dra. Blackwell.

«Chiquita, pero cumplidora».

Actualmente, las latinas son parte del grupo étnico de más rápido crecimiento en el país. Las latinas no son fácilmente definibles, aunque sí están etiquetadas. Somos complejas y queremos que nos comprendan. En cuanto a educación, las latinas creemos que lo podemos tener todo: ser una buena esposa y una buena madre, y tener una carrera al mismo tiempo. El secreto, o al menos mi secreto, para triunfar en la cultura tradicional estadounidense, sin perder las raíces y la cultura, es escuchar y poner en uso la sabiduría que me legaron mis predecesoras latinas, a través de los dichos.

El mensaje aquí es claro: «¡El tamaño no es lo que importa!». Como hija de una pequeña gran mujer, apréndanlo de mí: el tamaño de la persona no está necesariamente relacionado con sus talentos y logros. Aunque pequeñas en tamaño, las lecciones de mi madre me llegaron a lo más profundo. Ella me enseñó que la clase no puede comprarse; que la humildad no es algo que se pueda aprender; que la bondad y la compasión gastan menos energía que cualquier otra emoción; me enseñó a no hacer nada para beneficio personal, porque nada saldrá de eso, sino hacerlo porque se cree en ello; que una dama debe ser siempre una dama y que la belleza es un reflejo de nuestras acciones; a tener coraje para ser yo misma; a tener fe; y lo fundamental, que la familia es más importante que cualquier otra cosa, por encima del dinero, la posición social y las cosas materiales.

Las mujeres como mi madre son las típicas latinas. ¿Es por eso que las mujeres latinas de hoy pueden tener muchas responsabilidades? ¿Es por eso por lo que nos concentramos tanto y a veces nos sentimos que no hay nada que nos detenga? ¿Es por eso que somos líderes naturales? ¿Es por eso que podemos alimentar a nuestros hijos, ganar dinero, hablar con nuestros maridos sobre la jornada y, al mismo tiempo, realizar una llamada rápida a un cliente? ¿Estamos tratando de compensar los sueños perdidos de nuestras madres, o simplemente estamos aprovechando el momento con la conciencia de que todo es posible y que venimos de un linaje de mujeres especializadas en hacer muchas tareas al mismo tiempo y que nunca miran hacia atrás? «Querer es poder». Creo que es esto último.

Hemos tomado un papel de liderazgo dedicado a servir a otros, lo mismo sea a nuestra familia que a nuestra comunidad. A su vez, como matriarcas, servimos como ejemplo para que el resto del mundo observe nuestra comunidad. Puede ser que no nos demos cuenta de esto, pero las latinas son modelo de papeles vitales, y esto conlleva un peso importante en nuestras vidas personales, la comunidad y el mundo.

Mi madre me decía que, como mujer, la mayor parte del trabajo del hogar sería mi responsabilidad. Históricamente, las madres han sido «mulas de carga». Ellas deben estar disponibles veinticuatro horas al día, siete días a la semana. Esto se traduce en poco pago y poco respeto a la vez, pero es necesario para unir a la comunidad y unir a la familia. Así que si eres una madre y esposa a tiempo completo y alguien te pregunta: «¿Tú trabajas?», tu respuesta debería ser: «¡Por supuesto! Tengo el trabajo más importante, con las mejores recompensas, mi familia, mis hijos y su futuro». Y, sí, estoy cansada cuando llego a casa del trabajo; sí, estoy agotada de hacer malabarismos, pero este es mi papel en el hogar y lo acepto de buena gana. Estoy orgullosa de ser una devota y cuidadosa esposa y madre. Estoy orgullosa de que para mí, tanto mi esposo como mi hija sean lo primero. La familia es mi mayor fuerza en la vida.

«Con la vara que midas serás medido».

El estímulo de mis padres y sus mensajes positivos me fueron de mucha utilidad en una de mis primeras experiencias en el «mundo real»: la facultad de Derecho.

La facultad de Derecho es difícil; te agota emocional y físicamente. Exige mucho de ti. Pues bien, yo fui aceptada en la facultad de Derecho bajo los auspicios de un programa especial llamado «Summer Performance». Si uno ve mis notas del colegio, fueron buenas, pero mi puntuación no fue la mejor en el Examen de Aptitud para la Facultad de Derecho o LSAT. El programa fue diseñado para dar a los solicitantes, como yo, la oportunidad de «explicar» la disparidad entre los grados universitarios, los logros y la puntuación regular de exámenes. Tuvimos el verano para demostrar que teníamos lo que se necesitaba para lograr estar en la facultad de Derecho.

Tengo que decirles que aquello fue todo un reto. Después del primer grupo de exámenes, mis notas estaban en «el mínimo». Esto me frustró enormemente, porque yo conocía todos los detalles de lo que quería estudiar, y lo más importante ¡los entendía perfectamente!, pero no era capaz de reflejarlo en el papel. Me sentí destruida. Entonces, le pedí una cita a la decana de estudiantes para que me diera algún consejo y orientación. Se suponía que me los diera, éste era su trabajo. Pues bien, allí estaba yo delante de aquella señora, abriéndole mi corazón, buscando orientación y preguntando cuál era mi problema. Después que oyó y tomó nota de todo, sin abrir mi expediente ni hacerme una sola pregunta, simplemente me dijo: «Bueno, tal vez la facultad de derecho, simplemente, no es para usted. Quizás debería pensar en otra carrera o concentrarse en crear una familia». ¿Qué...? Pueden imaginarse mi cara, que reflejaba cómo mi corazón y mi alma se sentían. Se suponía que esta persona debía ayudarme. Era una mujer diciéndole a otra que no tenía lo que se necesitaba para triunfar en el sintió mundo de los hombres. Me pregunto cómo se sintió cuando di mi discurso de despedida como presidenta de los estudiantes de la Facultad de Derecho, en la ceremonia de mi graduación.

Me parece que el concepto de feminismo es más fuerte en la cultura estadounidense que en la cultura latina. En la cultura latina, la mujer es más que la madre: es absolutamente la matriarca de la familia. Tiene sobre sus hombros la responsabilidad de criar y disciplinar a los niños la mayor parte del tiempo. El padre sólo es necesario de vez en cuando, por lo que con toda naturalidad la madre desempeña el papel de temida matriarca. Por ello, en la cultura latina las madres son reverenciadas y temidas. Uno no puede ni siquiera mirar con mala cara a la madre, por miedo de recibir a cambio una mirada fulminante.

El feminismo actual es más de lo que pudo definir Gloria Steinham en la década de los setenta. Es tener la capacidad de ser una mujer en todos los aspectos, mientras se tiene un papel igual en los negocios, la política y la comunidad. El feminismo también ha ayudado a los hombres, quienes ahora reciben «licencia de paternidad» cuando nacen sus hijos. En el pasado, la mujer era vista como la única que podía cuidar al niño recién nacido, pero ahora los hombres comparten ese papel.

En realidad, no hay nada confuso en el feminismo. Las puertas están mucho más abiertas porque la gente, por fin, piensa como debe pensar. En eso ya no hay barreras, a no ser que la gente decida ponerlas. Es verdad que a las mujeres no se les hacen fáciles las cosas y que tenemos que demostrar cuánto valemos, aún más que los hombres. Pero, ahora lo que se suele llamar feminismo es aceptado y ha evolucionado. Quienes no se dan cuenta de esto se están quedando atrás.

¿Cómo podrá la próxima generación de mujeres latinas hacer suyos estos principios básicos del feminismo? Tomen lo que su mamá les enseñó, especialmente el instinto y el encanto femenino, y combínenlo con el sentido común y la inteligencia. Eres mujer y eres igual a cualquier otra persona. No somos siempre iguales en todos los aspectos, pero conocer nuestras fuerzas como mujeres puede ayudarnos mucho.

Como mujeres, está bien ser tanto tradicionales como enérgicas. No podemos olvidar que somos mujeres: más delicadas y sensibles que los hombres. Es adecuado que seamos vistas de manera diferente a los hombres. Existe un nivel de violencia sexual, emocional y física contra la mujer porque somos, la mayoría de las veces, físicamente más débiles y pequeñas que los hombres. No podemos negar eso. Una feminista total diría: «¡Vete al demonio, no me acompañes a mi automóvil!». Yo me considero una feminista inteligente. Podría ser la directora ejecutiva de una gran corporación y aún quisiera que un hombre me acompañara a mi carro. Es una verdad evidente que un hombre de seis pies no atacaría a otro hombre de seis pies. No querer pedir ayuda o protección es lo que te hace débil.

Las mujeres, particularmente las inmigrantes, están hoy en la cima del crecimiento demográfico del grupo de empresarios en Estados Unidos. De acuerdo a la edición de noviembre de 2005 del semanario *Newsweek* «el porcentaje de mujeres inmigrantes que trabaja por cuenta propia es mayor que el número correspondiente de mujeres estadounidenses que trabaja por cuenta propia, e incluso está cerrando la brecha en relación al número de hombres inmigrantes... las mujeres inmigrantes pueden ganar dinero adicional sin tener que luchar en un lugar de trabajo hostil o preocuparse acerca del cuidado de los niños... Esto es también una señal de que el mundo está cambiando. Más mujeres inmigrantes tienen mejor educación y más habilidades que antes y cada vez son más las que trabajan fuera de la casa».

Resulta irónico que la mayoría de sus negocios son de factura casera y orientados a los servicios: cocina, limpieza de casas, etc. Lo que jocosamente llamo una «feminista confundida» es, en realidad, una mujer que entiende que la parte más natural de ser mujer se complementa perfectamente con la parte profesional de llevar una carrera, ser ambiciosa y ser líder. Es realmente una buena noticia saber aunque una mujer tenga un negocio de limpieza o una firma de abogado que no tendremos que preocuparnos de que las futuras generaciones de mujeres jóvenes tengan que escoger entre el papel tradicional y el de negocios. Gracias al camino ya allanado por nuestras antecesoras, estas jóvenes pueden disponer de lo mejor de ambos mundos. No debemos olvidar que las dificultades por las que pasaron, resultaron en nuestro beneficio.

Capítulo Once
Los valores en el trabajo

«El que mucho abarca, poco aprieta».

Mi esposo juega al golf casi todos los viernes sin la menor preocupación. Por mi parte, yo me sumo en un enorme complejo de culpa por dedicar una hora a arreglarme las uñas. ¿Por qué es así? ¿Es puramente biológico? Creo que es el sentido natural de culpa femenino en acción. Mejor haríamos si sirviéramos bien a nuestro negocio o a nuestros clientes, a nuestra familia o a nosotras mismas.

En un sentido u otro, históricamente, las mujeres hemos sido multioficio. Nuestro papel ha sido el de tener niños, criarlos y cuidarlos, cocinar, limpiar, y servir al marido cuando regresa a casa después del trabajo. Una mujer está disponible veinticuatro horas al día, siete días a la semana, esperando siempre cumplir con sus deberes, haya lluvia o haga sol, esté enferma o saludable. Fuimos criadas sabiendo que tendríamos que criar a los niños, cocinar y limpiar simultáneamente: la combinación perfecta de ama de casa y ejecutiva empresarial. Hay un dicho que dice: «la necesidad es la madre del ingenio». Al parecer, esta programación genética la trajimos al presente, ya que la mujer puede manejar varias situaciones al mismo tiempo.

Una mujer de carrera de hoy día ha asumido esos mismos requisitos tradicionales y les ha añadido la carga de trabajo de la oficina. En el trabajo, parece que las mujeres cuidan más cada detalle de su labor, y a menudo sienten un complejo de culpa si piensan que no están a la altura de sus propias expectativas y las de los demás. Si no podemos cuidar de todo a la vez, nos ponemos tensas.

Aunque estoy generalizando, me parece, que los hombres parecen ir, sencillamente, con la corriente, manejando los asuntos de mayor prioridad según éstos se presentan. Ellos tienen la habilidad única de compartimentar cualquier cosa que hagan, y así el resto del mundo no les cae encima en busca de su atención inmediata. Los hombres no dejan que algo los conmueva fácilmente. Sus valores básicos son ellos mismos, lo que es —si se piensa en ello— casi un rasgo admirable. Ellos no tienen tiempo para sentirse culpables, ya que se aseguran de atender las obligaciones y responsabilidades más inmediatas, y eso les permite dedicar su tiempo y atención completamente a su familia y amigos.

«Al que madruga, Dios le ayuda».

Una amiga mía que trabaja en reclutamiento de personal tiene un estilo de entrevistas que a menudo deja boquiabiertos a los solicitantes. Ella tiene una manera especial de llegar a conocer las bases genuinas de la persona; esto lo logra mediante el uso de preguntas fuertes y provocadoras para que no se duerman en los laureles y, además, para que sean sinceros. Al final de cada una de sus entrevistas, cuando ya la parte fuerte de la prueba ha terminado, los solicitantes le suelen decir: «Nunca me habían hecho preguntas como esa antes... Verdaderamente, usted me ha hecho pensar». Y bien, ¿no era ese el objetivo?

Después de todo, ¿qué es lo que dice realmente sobre una persona un currículum reciclado, una carta de presentación copiada de un modelo general y un discurso ensayado de «por qué usted me necesita»? La capacidad de realizar múltiples tareas no es sólo un adorno que quiero que me califique superficialmente, sin ningún peso o significado relacionado con ella. Cualquiera puede decir que es un trabajador esforzado, que está capacitado para llevar varias responsabilidades a la vez. Cualquiera puede incluso decirme que es un superhéroe de nacimiento. Pero, ¡muéstrame lo que eres! La gente pierde más tiempo tratando de decir frases de repertorio como «multioficio» y «persona popular» que en mostrar una personalidad real. Están ocupados tratando de orquestar el show perfecto y no de entregar valores. Si no puedes dar de ti, no podrás trabajar bien. Sé una persona real, no un currículum.

Las mujeres son exitosas en los negocios porque se trata de hacer bien un trabajo y cumplir una tarea. No tenemos tiempo para pensar sobre los «extras» y los «adornos». Para mí, el multioficio real es cuestión de resultados reales. Cuando pienso en mi carrera, hasta el momento, me doy cuenta de que no he ascendido en ninguna «escala corporativa», como dice la expresión. Encontré mi propio trabajo después de la facultad de Derecho, fundé mi propia firma de abogados y entré a la televisión cuando vieron mi potencial.

Es extremadamente difícil cumplir con algo si uno no sabe qué se espera al final. Todo el que ha trabajado en una organización o tomado un curso de negocios, te podrá decir que las metas deben ser específicas, retadoras y medibles. Sin embargo, la mayoría de los lemas empresariales, cada vez más exagerados, son exactamente lo opuesto. Continuamente, los «expertos» nos dicen que debemos trabajar duro, luchar por lo que deseamos, subir en la escala, pensar positivamente y no dejar que nada nos detenga. Pero, que alguien me diga, por favor, cómo algo de esto puede ser un modelo para su carrera. Las frases motivacionales y clichés son todas buenas y están bien, pero sin duda hay que darle más importancia al trabajo esforzado, a ser genuino y a ser bueno en lo que uno hace.

Mi «escala corporativa» fue establecida por mis padres a través de las instrucciones que me brindaron. No hubo exageraciones, sólo consejos sólidos que cualquiera puede seguir y triunfar con ellos. ¡No te dejes engañar por los bombos y platillos! Tú ya tienes las bases y la ética de trabajo que te dieron sus padres y que se necesita para triunfar. No hay ningún consejo cliché estremecedor que vaya a hacer añicos tu techo de cristal y a darte un impulso mágico hacia la cumbre empresarial; el éxito no es gratis ni viene servido en bandeja de plata. Mediante la sabiduría de tu familia, se puede obtener todo el éxito que uno necesita en la vida. Mi consejo a Sofía será el de encontrar algo que le guste y que haga de eso su carrera. Todo éxito nacerá de su pasión.

CUMPLE UNA MISIÓN

Elige la profesión que te apasione. La pasión te motivará más que el salario. Si te gusta lo que haces, dedicarás tu tiempo y esfuerzo al trabajo que has elegido y serás recompensado con el premio soñado.

CAPÍTULO DOCE
LA IDENTIDAD CULTURAL

Dios dijo: «ayúdate y yo te ayudaré».

Quien trabaja diligentemente, es recompensado. Hoy, es más importante que nunca recordarlo, en un mundo en el que uno puede refugiarse en multitud de excusas, cada vez que las cosas no funcionan como quisiéramos. Ya sea por motivos de género, de origen étnico, de edad o condición social, parece que siempre hay algo que se interpone en nuestro camino. ¿Es esa razón suficiente para rendirnos, justificando nuestra falla por el obstáculo? ¿O sería más productivo ver el obstáculo como un paso a la grandeza y responsabilizarnos de ello? Como Harry S. Truman dijo, y estoy segura que mi madre y mi padre estarían de acuerdo: «Aquí se acabó el desorden». Ser cien por cien responsable de la fuerza y las capacidades que Dios nos dio para superar los retos culturales, profesionales, personales y familiares, es la mejor manera de poner en práctica este dicho. Especialmente cuando esto proviene de los retos de identidad cultural y discriminación a los que muchos hacen frente hoy.

Los centros laborales en Estados Unidos son hoy un reflejo de la diversidad cultural de la nación. Con una mezcla tal de culturas y orígenes étnicos en busca del éxito individual en las atestadas empresas, los latinos se enfrentan a nuevos restos culturales que han de superar.

Los niveles y tipos de discriminación aparecen desde el inicio, en relación con el idioma, específicamente por nuestros acentos. Por ejemplo, si un latino va a una entrevista como graduado de Harvard, pero tiene un acento fuerte, no es de extrañar que el acento «le quite» algo de sus méritos. Quisiera que las personas pudieran entender esto, porque el hecho de que alguien tenga un fuerte acento no significa que tenga una disfunción cerebral.

He aquí un ejemplo de discriminación cultural basado en «el acento», que me afectó directamente. Un día que mi madre salía de la oficina de mi papá, le chocaron su carro por detrás en un accidente menor. Cuando llamó por teléfono a su compañía de seguros y habló con el marcado acento que casi todo el mundo entiende, la mujer del seguro que la atendió por teléfono la sometió a un intenso interrogatorio. La mujer fue muy condescendiente, diciéndole repetidamente a mi madre: «¡No entiendo lo que me dice, hable en inglés!». Puedo asegurarte que si eso hubiera sido una conversación cara a cara, mi madre le hubiera propinado una cachetada a esa mujer grosera. La ridícula mujer puso un traductor al teléfono, lo cual fue innecesario y muy insultante para mi madre. Por medio de él, la mujer supo qué tipo de carro manejaba mi madre (uno muy bueno por cierto) y con disgusto preguntó si mi madre era la dueña del carro. Además de todo esto, la mujer le preguntó a mi madre cinco veces si el accidente había sido su culpa. Ella le dijo por fin: «¡No, no fue mi culpa y usted debería estar de mi parte!».

Me molesta cuando la televisión necesita a alguien para hacer el papel de latino y se supone que el personaje sólo habla español. Lo irónico es que contratan a un actor o actriz que apenas puede hablar español. ¡No me digan que es imposible encontrar a un actor que sepa su idioma! La prioridad de los medios de comunicación es «salir del paso», y no la de representar otras culturas con respeto y de manera veraz. Hay que tener en cuenta la importancia del mercado latino y el potencial de los latinos como consumidores. Por fin estamos siendo representados en la mayor parte de los espectáculos públicos de los medios de comunicación y el entretenimiento. Nuestro fuerte acento, finalmente, está siendo escuchado.

Sin embargo, todavía hay trabajo por hacer y una continua presencia por crear a través de las próximas generaciones de jóvenes latinos, ansiosos por dejar su marca en todos los aspectos de la cultura. Necesitamos ver a nuestras comunidades y a la nación como un todo, saber quiénes somos y por qué luchamos. Debemos tener la visión de nuestros propios mentores y continuar haciéndola realidad para los latinos, donde quiera que estén. Es hora de lograr un mayor respeto, y servir de inspiración a otros latinos es la plataforma de lanzamiento para hacer que esto suceda. A pesar de todo, ahora la voz latina es más alta que nunca y con el fin de continuar con nuestro éxito, necesitamos aumentar el volumen. Quizás te preguntes, ¿somos en realidad esos desconocidos?

Cuando miro fotos de todos los presidentes de Estados Unidos juntos, veo cuarenta y tres hombres, todos de la misma raza. ¿Cómo este grupo refleja a Estados Unidos, el crisol cultural más grande del mundo? Esto no refleja a este país. ¿Cómo se ha llegado tan lejos sin avanzar? ¿Y por qué se arma tanto ruido cuando la gente intenta romper con la discriminación patente, como si fuera tan absurda la idea para una minoría o para las mujeres de tener poder y de ser tratados con igualdad? No estamos en el Medioevo y deberíamos ser conscientes de ello. Lo que sí debería ser más preocupante que todo, es el hecho de que haya personas que propaguen la noción insana de que la igualdad es una teoría abstracta o la noción de que en realidad esto nunca funcionará. Pero nosotros podemos superar esto; como el dicho lo dice: «Ayúdate y yo te ayudaré».

«Nadie sabe para quién trabaja».

Cuando te incorpores al mundo laboral, nunca olvides tu identidad cultural, porque esto te separa instantáneamente de los demás. ¿Por qué esconder algo que te puede dar un valor en el proceso de búsqueda de trabajo y en el campo laboral, durante toda tu carrera? Cuando te entrevisten para un trabajo, tu identidad cultural debe ser lo primero que menciones, ¡y habla de ello con orgullo! El ser latino te abre puertas que nunca te habías dado cuenta que estaban allí para ti. Esto te da fuerzas para luchar, fuego en tu ser y un sentido de militancia para tu comunidad. Emplea la pasión y la energía para decir lo que piensas, a veces en alto, y esto sólo te ayudará a avanzar y a triunfar en tu carrera.

Recuerda constantemente que, como latino en el centro de trabajo, ahora estás sentando la norma para las futuras generaciones de latinos. Cualquier cosa que hagas se reflejará en las oportunidades que podrán tener otros latinos en el futuro. No debes olvidar nunca esta responsabilidad.

No importa para quien trabajes, por encima de todo eso, sé tu mismo, y entretanto, edúcate lo más posible. Da lo mejor de ti, trabaja tan duro como puedas y ponte a prueba. Aprendí de mi madre y de mi padre que si uno no hace eso por uno mismo, si uno no se siente orgulloso y feliz de sí mismo, entonces habrás creado el primer y último obstáculo para tu éxito. Quiero que salgas al mundo como triunfador, representando a la cultura latina en toda su pureza, pasión y poder, y ¡sin mirar hacia atrás!

Consejo Breve

AMA TUS RAÍCES.

Dedica tiempo a organizaciones culturales que promuevan los lazos y relaciones con tu comunidad. Basta con que hagas una búsqueda en internet para encontrar la sede más cercana.

■ ■ ■ ■

QUINTA PARTE:
LECCIONES PARA EL ESPÍRITU DE LA MUJER

■ ■ ■ ■

CAPÍTULO TRECE
LA LUCHA ENTRE NOSOTRAS

«El ladrón juzga por su condición».

Muchas de las dificultades en las relaciones se deben a la manera diferente en que hombres y mujeres enfocan sus amistades. ¿Nunca has notado que los hombres saben cómo tener y mantener las amistades, al parecer con muy poco esfuerzo? He sido bendecida con muchos amigos, hombres y mujeres, y he visto que, definitivamente, es más fácil mantener una amistad con los hombres. Hace falta poco para mantenerlos contentos: no requieren llamadas telefónicas ni diarias ni semanales, ni siquiera mensuales. Puedo llamar a un amigo después de transcurrido un mes y es como si hubiéramos conversado ayer.

Por otra parte, las mujeres requieren máxima atención. Parece que cargamos con una inmoderada cantidad de autocrítica, culpa y excesivas autoexigencias para nuestra vida profesional y personal. Siempre sentimos que necesitamos decir algo cuando a veces no es necesario decirlo. ¿Es que tenemos miedo dejar de hablar porque tememos que las personas dejarán de escuchar? Un dicho dice: «La mejor palabra es la que no se dice». A veces lo mejor es no decir nada. En realidad es una señal de autoestima saludable, el darse cuenta de que no se necesita ser siempre la persona que habla.

Nos exigimos ser todo para los demás, excepto para nosotras mismas. Si primero nos aceptáramos, no nos importaría lo que los demás piensen. Este tipo de inseguridad se traduce en agendas ocultas no mencionadas y en «negaciones» que nos impiden realmente dejamos llevar y disfrutar la vida. ¡Las mujeres son famosas por predicar sobre «vivir en el presente», pero somos las peores a la hora de ponerlo en práctica!

Cuando miramos a otras mujeres, nos vemos a nosotras mismas. Cuando toda esa energía no saludable sale de nosotras por una causa u otra, es muy fácil proyectarla en esa imagen del espejo —otra mujer— cuando en realidad son nuestras cosas, no las de ellas, las que nos molestan. Cuando se está en constante guerra con uno mismo y alguien más entra en el campo de batalla, pues naturalmente que uno apunta y dispara. Y, como los hombres no se combaten a sí mismos, ni unos con otros, no responden al fuego... ¡fin de la guerra! Por su parte, las mujeres... bueno, ¡agáchate y cúbrete! Obviamente las mujeres no le tememos a la competencia: simplemente siempre estamos compitiendo con nosotras mismas y con los demás. No sabemos cómo dejar de rivalizar cuando no es apropiado, y sencillamente relajarnos. Sin embargo, la competencia es un deporte disfrutado por los hombres, pero para las mujeres, es algo mucho más personal.

El resultado desafortunado de todo este sinsentido es que con mucha frecuencia no somos buenas amigas unas con otras y nos tratamos con dureza. Por ejemplo, cuando se me olvida llamar a una amiga por una temporada, me da más y más miedo llamarla porque ha pasado mucho tiempo. Me da miedo cómo me va a juzgar y que va a pensar que soy una mala amiga por «ignorarla» tanto tiempo. Después de todos estos años, finalmente me di cuenta de que esas son mis propias inseguridades. Si llamo a mi amiga y empiezo a disculparme excesivamente y a decirle lo mal que me siento (cuando lo más probable es que estos pensamientos nunca le pasaron a ella por la mente hasta que yo los planteé), estoy activando esos pensamientos en ella. De repente, el lazo que nos une se enturbia con todo tipo de cosas negativas que no vienen a cuento, y que ciertamente no van a propiciar una relación saludable. Deberíamos, simplemente, disfrutar del valor y del espíritu de esa amistad. Como dice el dicho: «Es mejor callar que locamente hablar».

Pienso que a veces las mujeres utilizan la palabra «amiga» con demasiada ligereza, sin honrar el significado de la palabra y la integridad de la relación. Después que la primera amistad de una mujer se echa a perder, la tendencia es la de siempre cuestionar la integridad de todas las relaciones futuras con mujeres. Cuando te dicen «mi amiga» te preguntas qué quiere decir eso. Intento descifrar con mi instinto y sin juicio la verdadera intención tras la amistad... pero aún así a veces es difícil de determinar. Hemos creado esta ambigüedad para con nosotras mismas. Incidentalmente, cuando los hombres llaman a alguien su amigo, darían la vida por él.

Estas son más bien reflexiones que críticas, por lo que, damas, ¡no lo tomen personalmente! Con todo el esfuerzo que lleva mantener exitosamente una relación con otra mujer, es mucho más fácil dejarla ir que dejar ir una amistad de baja intensidad con un hombre.

Mi consejo para vencer lo que parecen ser nuestras tendencias femeninas naturales, es comprender las relaciones y entenderte a ti misma. Deja la culpa y las inseguridades a un lado y no tendrás nada por lo que luchar hasta la muerte. Si realmente estás unida y compenetrada con tus amigas, sentirás la sinceridad de la amistad en sus corazones. Permite que ese lazo exista naturalmente, sin proyectar tus inseguridades. Si no inicias un círculo vicioso con energía negativa, lo más probable es que tus amigas tampoco lo hagan. ¡Estimulemos lo mejor las unas en las otras, no lo peor! Como mujeres, necesitamos estar menos tensas y tomar las cosas menos a pecho para estar abiertas y aceptar las relaciones estrechas y sinceras de unas con otras, que todas merecemos. El dicho «amigos, oros y vinos cuando más viejos más finos» demuestra este aspecto, al decirnos que todos merecemos las mejores cosas en la vida.

«Porque lo que se hace o se aprende por una clase de mujeres, en virtud de su feminidad común, se torna propiedad de todas las mujeres».
—Elizabeth Blackwell

Si somos inseguras, entonces ciertamente otras mujeres serán inseguras a nuestro alrededor. Por ejemplo, he observado que nosotras, con frecuencia, no nos miramos a los ojos cuando nos conocemos por primera vez. Sí, señoras, todas hemos escuchado el viejo chiste de hacia cuál parte del cuerpo se dirigen los ojos de un hombre cuando conocen por primera vez a una mujer. Pero en realidad, es más probable que los hombres te miren a los ojos y te estrechen la mano con confianza. Ellos no tienen nada que demostrar, no están en guardia y están genuinamente complacidos en conocer y contactar con otros en ese momento. Por nuestra parte, las mujeres, nos demos cuenta o no, a veces, somos más propensas a dar un paso atrás y a mirar de arriba abajo a otras mujeres antes de darles la mano. ¿Son cuestiones de imagen del cuerpo? ¿De autoestima? Nueve de cada diez veces, las mujeres dudan, se ponen en guardia y permiten que sus propias inseguridades levanten una falsa muralla de cumplidos entre ellas. Creemos que tenemos que halagarnos unas a otras, sea el cumplido real o inventado. Todo lo que estos «tics» nerviosos logran es distanciar más a las mujeres. ¿Por qué tratamos tan intensamente de elaborar algo artificial cuando tenemos la habilidad y el derecho a tener la misma conexión de «mirarte a los ojos, ser sinceros y poner las cartas sobre la mesa», en la que los hombres son tan habilidosos?

Es un signo de debilidad, individualmente y para la mujer como un todo, cuando somos mezquinas e inseguras con las demás. Y lo sepamos o no, esta conducta es extremadamente obvia para los otros. Rebaja nuestra inteligencia y logros, y minimiza todo por lo que hemos trabajado tan duro para crear individualmente y como género. ¿Cómo nos ayuda esto como género? ¿Cómo podemos esperar tener igualdad social o económica y respeto cuando continuamos atacando nuestra propia reputación? ¿Y además, intentamos culpar a otros por recibir menos?

Tenemos que entender que, como mujeres, nuestra conducta en conjunto crean un efecto dominó que puede causar la caída de nuestro género, o puede elevarnos como grupo. Imagínate una mujer, segura de sí misma, no tratando de ser una perfeccionista, viviendo día a día en el presente y no lanzando «basura» contra sí misma o contra otras mujeres. Estas acciones y sus consecuencias positivas crean un efecto de onda expansiva que tocará a todas las mujeres, en todo el mundo, y a las generaciones futuras.

Espero que Sofía aprenda de mis palabras y ejemplo de que lo más importante es tratar por igual a mujeres y hombres, y siempre de manera genuina. Mi deseo es que ella siempre haga amistades y se rodee de mujeres y hombres seguros y confiados. Espero que entienda que los que no actúan de esa forma son inseguros, y que sus acciones no tienen nada que ver con ella. Y sobre todo, ¡espero que Sofía siempre mire a las personas de frente y a los ojos cuando los conozca!

Capítulo catorce

*«Las canas no son vejez,
pero el último pelo, sí lo es».*

Mi madre me enseñó que una dama siempre debe ser una dama y que la belleza es un reflejo del ser. Y que a medida que uno envejece esa apreciación de la belleza se hará más profunda. Ella dice que es la belleza que nace del corazón, la que se exhibe físicamente y que «hay que envejecer con gracia. La belleza no es la vanidad o buscar la ratificación o estima del exterior, sino enorgullecerse de uno mismo. Ella aún me enseña con su ejemplo que no se trata de la talla, ni del último peinado o del tipo de ropa que uno usa. La belleza es el amor que se tiene por uno mismo, y es lo que hará que las personas vuelvan la cabeza para mirarte.

Mi madre me enseñó que la belleza es celebrar la feminidad. Parte de esto es estar orgullosa de tu ser físico. Eso quiere decir que uno debe lucir lo mejor en cada momento, ya sea cuando se está sola en la casa, con la familia, o en público para una noche elegante en la ciudad. ¿Por qué no hay diferencia? Porque uno está haciendo el esfuerzo para lucir y sentirse lo mejor posible para sí misma, no lo está haciendo sólo por las apariencias. Este tipo de enfoque natural se contradice con lo que la belleza representa hoy día.

El «envejecer con gracia» que nos enseñaron nuestras madres es hoy un mito. Actualmente, vivimos en una sociedad de consumo, en un mundo en el que el bótox, el láser, la exfoliación química y otras cirugías cosméticas, con frecuencia definen la belleza y la juventud; y la idea de permanecer joven es totalmente relativa. La belleza y la juventud son bienes de consumo que acompañan a la riqueza y al prestigio, que también son bienes de consumo. Pregúntale a cualquier compañía cosmética o farmacéutica: hay dinero en la venta de belleza y juventud, dos productos que se venden bien.

No estoy segura del porqué hemos empezado a comprar belleza y juventud al igual que compramos todo lo demás —artículos necesarios o de lujo, amor, amistad y belleza—, pero lo hacemos. ¿Por qué ha cambiado tan drásticamente nuestro sistema de valores, es que ya no apreciamos la belleza de una frase chistosa, lo conmovedor de una arruga causada por la preocupación, o la caída «natural» aquí y allá? En estos días se puede entrar en la consulta de un médico o de un dentista y leer un conjunto de folletos que promueven la belleza o la juventud bajo la apariencia de salud. Y en la medida en que más *spas*, instalaciones médicas cosméticas y boutiques médicas abren, nos apartamos cada vez más del concepto o la realidad de envejecer. Estamos confundidos y ahora envejecer no sigue su curso natural.

No me malinterpretes, no creo que haya nada malo en la cirugía plástica o en ningún otro tipo de procedimiento para realzar la belleza. Pero solamente será eficaz si ya estás feliz contigo misma física y espiritualmente y sabes que la cirugía será un complemento de ello, en contraposición con intentar llenar un vacío emocional para el cual la cirugía sencillamente no está diseñada. Pienso que si el lucir bien en el exterior te hace sentir igual de bien en el interior, entonces sólo puedo aplaudirte.

Recuerdo que cuando era una niñita no podía esperar a cumplir los treinta años. No sé por qué, pero pensaba que los treinta era una edad mágica. Pensaba que los treinta significaban ser el adulto perfecto y la mujer perfecta. Tenía mucho apuro por envejecer y llegar a ser lo que pensaba sería el súmmum de la belleza. En realidad, hoy, a mis treinta y tantos largos, me siento mejor que cuando tenía treinta. Me siento más estable, más en sintonía conmigo misma, mi cuerpo y mi vida. No es solamente hoy, con cada nuevo año me siento así. Como un vino selecto, continúo mejorando en todos los aspectos de mi vida con cada año que pasa.

Entiendo que, tal vez, las percepciones sobre la juventud pueden cambiar a lo largo de los años, al igual que las percepciones sobre la belleza han ido cambiado con el tiempo. Y esto puede que no vaya ni remotamente en detrimento de la sociedad en general o de nuestro futuro en particular, pero mi temor es que cuando solamente nos concentramos en lo exterior, cuando el enfoque es sólo en lo referente a la piel, olvidamos el verdadero asunto: ¿qué está ocurriendo en el interior? ¿qué ocurre con la esencia del ser? Si el enfoque está todo en lo exterior, ¿qué le ocurre a nuestro corazón y a nuestro espíritu?

¿Dónde quedan realmente nuestros valores? Constantemente los medios de comunicación insisten con imágenes de la juventud y la belleza. Y parece que nosotros, como sociedad, estamos empezando a adoptar esta percepción de la belleza y la juventud, que realmente trata sólo de lo exterior, y lo interior es irrelevante. A veces es difícil recordar y equilibrar lo que uno ha aprendido de la familia acerca de la juventud y la belleza, con lo que se nos comunica a través de los medios de comunicación y la sociedad. ¿Cómo compaginamos estas dos cosas contradictorias?

¿Existían ya estos temas en los «medios de comunicación masiva» cuando yo estaba creciendo? Francamente, no lo recuerdo. ¿Se debe a que no existían tanto como hoy, o a que mis padres, al inculcarme constantemente valores fuertes sobre el envejecer, no lo convirtieron en un tema de importancia? Frases tales como «la presión de ser delgada» y la idea de comparar el reflejo en el espejo con el de las supermodelos me era ajena. En lugar de estar mirando a las celebridades, de cuando en cuando miraba a mi madre. Hoy día, con 5'1" y 150 libras, mi madre puede que no sea lo que llamamos una «supermodelo», pero es una mujer de extraordinaria estructura, la Sofía Loren latina, desde su bella cara y ojos expresivos, hasta sus manos elegantes y dedos delicados, ¿qué más podía haber pedido yo de un patrón de belleza? Era, y aún es, mi ejemplo de hacia dónde mirar en busca de la belleza externa e interna. Mi madre ejemplifica el refrán «los ojos son el espejo del alma», por lo que hoy en día comprendo que el secreto de permanecer joven comienza dentro de uno mismo. Desde el corazón.

LA NOCIÓN DE LA JUVENTUD EN LA SOCIEDAD

«No sólo de pan vive el hombre».

—*Mateo 4:4*

Con un padre, un hermano y una prima que son médicos, he aprendido que no hay remedios rápidos para nuestro espíritu. Lo sé a partir de mis propias observaciones en la vida, al igual que por las observaciones de ellos como médicos profesionales. Aunque son médicos de distintas generaciones, su conclusión es la misma: muchos de los llamados problemas de «salud» menores que padecen las personas, son sencillamente creados por la mente.

Al igual que el hombre no vive solamente de pan, las personas no pueden vivir solamente de las recetas médicas. Cuando mi padre reconoce esto después de examinar a un paciente, en lugar de escribirle una receta, le insiste muy convincentemente de que el «mejor remedio en la vida» para ellos es dar una larga caminata o algún otro tipo de relajación que reviva su sentido de juventud y reanime su espíritu. Mi padre tiene un don para lograr que las personas se entusiasmen tanto con esto, que toman su consejo con ilusión, ¡a veces tan pronto como salen de su oficina! Muchos problemas son, al final, la necesidad del paciente de sentirse mejor consigo mismo y su espíritu.

Mi prima Ángela es una médico cuyo trabajo es mantener saludables a las personas. Como doctora, ha aprendido que la medicina moderna puede beneficiarse de las creencias tradicionales. Dice que mantener saludables a las personas hoy día no es solamente tratar la presión sanguínea alta, la diabetes o el colesterol. Cada vez más y más, se trata de mantener a las personas como un todo, y de darle a cada una los recursos que necesita para vivir y prosperar en un mundo que les está ofreciendo mucha resistencia en su camino. El mundo les empuja a lucir más y más jóvenes, más juveniles, más bellos y fuertes. Al tratar de encontrar una solución mágica para ofrecerla a sus pacientes, se da cuenta que tiene lo que la medicina moderna no puede ofrecer. Tiene la sabiduría de su familia. Con esta herramienta, se propone ayudar a sus pacientes a crear los fundamentos que ella pudo crear para sí misma.

Cada vez más y más, los médicos como Ángela, mi hermano y mi padre, son llamados a hacer algo más por sus pacientes que simplemente mantenerles una buena presión sanguínea y un buen nivel de colesterol total. Tienen la tarea de ayudar a sus pacientes a alcanzar algo de equilibrio y paz mental, que son tan importantes no sólo para permanecer jóvenes, sino también para prevenir tantas de las cosas que en la vida nos envejecen prematuramente. Por lo que en cualquier plan terapéutico que ellos empleen con sus pacientes, uno de los objetivos es ayudar al paciente a crear un equilibrio entre todos los aspectos de su vida.

Creo que un buen primer paso es el buscar integridad en el enfoque de la vida, para que te des cuenta que la salud no se trata únicamente de lucir joven y de tener buenos resultados de laboratorio cuando se acude al médico. Como le dice mi prima a muchos de sus pacientes, «no hay trasplantes de vida». Integridad es tener un buen sentido del ser y la identidad, donde todas las partes funcionen juntas para proporcionar la mejor calidad de vida.

«Una buena acción es la mejor oración».

Cuando mi prima médica Ángela estuvo en Ohio, en el tercer año de su residencia, se le acercó un trabajador social mayor que estaba ayudando con el alta de uno de los pocos pacientes latinos del hospital. La paciente era una mujer mayor de Puerto Rico que había sido ingresada en el hospital por una neumonía.

La paciente, llamémosla Claudia, había estado en Ohio visitando a su hija mientras salía de vacaciones de Puerto Rico. Al parecer, dos años atrás, Claudia había vivido en Ohio y luego había decidió regresar a su patria. Ahora, dos años más tarde, Claudia visitaba a su hija en Ohio cuando se enfermó y no podía vivir sola. El papel del trabajador social era el de ubicar a Claudia en una instalación que cubriera sus necesidades y asistirla en su vida diaria. Tanto si era una rehabilitación a corto plazo, vivir en un edificio con asistencia, en un hogar de retiro, o en una residencia para personas mayores, el trabajador social quería satisfacer las necesidades de la paciente de la mejor manera posible, utilizando sus años de experiencia y sus recursos. Para esto era para lo que se le pagaba. Era en lo que destacaba y era fácil para ella desempeñar esta labor.

Durante el alta de Claudia del hospital, le llamó la atención a la trabajadora social que la señora daba completamente por sentado que regresaría a vivir con su hija, en lugar de ir a una de esas instalaciones. Alarmada, la trabajadora social se acercó a mi prima, porque estaba preocupada con la idea de que Claudia esperaba que su hija la fuera a buscar. Ella quedó aún más confundida ante el hecho de que la hija estaba dispuesta a aceptar la responsabilidad y el cuidado de Claudia. Por eso la trabajadora social se acercó a Ángela. Quería entender por qué esto resultaba aceptable. Aparentemente no creía que esto era una «situación normal» en la que se podía encontrar una persona mayor.

Es sorprendente ver cómo han cambiado los tiempos desde que, al principio de la historia del mundo, las familias vivían todas juntas bajo un mismo techo, los miembros más viejos eran los más reverenciados en el hogar, y era un privilegio el cuidar de ellos hasta que murieran. Me imagino que era una saludable experiencia de aprendizaje para los miembros más jóvenes de la familia, al estar expuestos al proceso natural de la enfermedad y la muerte y al ver que esto es una parte normal de la vida y que no hay nada que temer.

La función de proporcionar cuidados en la cultura latina no es en modo alguno un «papel». Es la responsabilidad de la familia. Y el cuidar de la familia de uno no se considera una tarea o una obligación. Aceptamos ese papel por amor, por respeto a nuestros mayores y por nuestra propia cultura y el sentido de legado.

Mi prima trató de explicar esto a la confundida trabajadora social. Trató desesperada y apasionadamente de pintarle el cuadro de la trama de nuestra cultura latina, cuán estrechamente unidas están las generaciones, cómo las generaciones mayores son la parte más integral de esa trama, y cómo estimulamos de manera tan natural esta actitud de proporcionar cuidados. En nuestra cultura, no podemos funcionar sin que las generaciones se fundan juntas en esa trama. Estamos muy conscientes del hecho de que nuestros ancianos son nuestra herencia, nuestro sentido del ser, nuestro sentido de identidad, y en cierta manera, un sentido de nuestro futuro.

No puedo ciertamente juzgar si esta es la situación perfecta o no. Tampoco puedo determinar si como hijos, como descendientes, somos los mejores y los más adecuadamente equipados para proporcionar cuidados a nuestros padres. Obviamente, en algunos casos no lo somos. Sin embargo, puedo decir con confianza que en la cultura latina, cuando un miembro de la familia necesita cuidados se lo damos con gusto. En un capítulo más adelante hablaré de nuevo sobre mi querido suegro Ray González quien falleció de cáncer. Ray pasó algunos de sus últimos días con mi esposo y conmigo, rodeado de la familia, de los amigos, y por supuesto de sus queridos «Duques» en nuestro hogar. No me imagino esta situación sucediendo de otra manera. Además, ¡qué bendición fue pasar juntos ese tiempo, como familia, compartiendo los últimos días de ese maravilloso hombre en la tierra!

Estas creencias sobre la familia y el envejecimiento son parte de nuestra cultura. Nuestra identidad radica en nuestros ancianos, y ellos tienen mucha voz en la orientación de nuestras vidas. Para nosotros el no tenerlos a nuestro lado sería desarticular un pacto, en cierta manera negar nuestra cultura, y también, realmente, quitar una parte de nuestra personalidad e identidad cultural.

Elogio de la juventud

«Es la ley de la vida».

Si empiezas a pensar y a decir cosas como «estoy muy vieja», adivina, ¿qué va a ocurrir? Dejas de vivir. Tenemos esta actitud de que se supone que trabajemos hasta la edad de sesenta y cinco años y entonces esperar a morirnos. O la opuesta: creemos que se supone que sin pensar y a regañadientes cumplamos nuestro tiempo trabajando «en la lucha diaria» y entonces «realmente» comencemos a vivir a los sesenta y cinco. Pero pienso que estas dos actitudes están equivocadas, porque la vida comienza con cada nuevo día.

Tu vida comienza hoy y eres tan joven o vieja como así lo sientas. Decide hacer algo diferente, no esperes solamente a morir. Por ejemplo, un diagnóstico de cáncer puede ser una sentencia de muerte, una razón para esperar a morir, o una razón para renovar la esperanza y la pasión en la vida. No debe hacer falta una enfermedad terminal para evocar este tipo de acción. Pasa cada día celebrando la vida, no importa la edad que tengas, en lugar de temer a la muerte.

En particular, mi madre me enseñó a través de sus acciones que «hay que envejecer con gracia». Espero que Sofía aprenda las mismas lecciones y tenga la misma interpretación de la juventud a través de mi ejemplo.

Consejo Breve

DISFRUTA DEL CHOCOLATE

Come chocolate, pero no con leche, sino el puro y más oscuro. Los últimos estudios científicos indican que el chocolate oscuro es rico en antioxidantes que neutralizan los radicales libres, los cuales contribuyen al envejecimiento.

Pero recuerda: «lo que no mata engorda». Es decir, todo con moderación.

Capítulo Quince
Mentores

---

*«El diablo sabe más
por viejo que por diablo».*

No hay atajos en la vida. Pero tener un guía que nos indique el camino, ciertamente no hace daño. El tener un mentor que te oriente en tus asuntos personales y en tu carrera, te da un estándar de ética y valores a alcanzar a diario. Tener la guía de un mentor es también algo como la protección que ofrece un gran árbol en un día soleado. Esto me recuerda un dicho que dice, «el que a buen árbol se arrima, buena sombra lo cobija».

Los mentores más importantes, y también los mejores protectores en el verdadero sentido de la palabra, que tendrá un niño, serán sus padres. Mi madre y mi padre fueron mis primeros mentores, por igual y por derecho propio. Para mí es obvio que mis padres fueron muy exitosos en conformar los aspectos de mi vida donde quiera que se requiriera un mentor. Salvo raras excepciones, creo que los padres de un niño deben ser siempre sus mentores más valiosos y apreciados. Sin embargo, hay otra categoría de modelo al que los jóvenes pueden admirar y de la que pueden aprender. No quiero emplear la palabra «celebridad», pero de cuando en cuando una figura conocida o histórica puede ser de gran inspiración para los valores personales de un niño y para el rumbo de su carrera.

Como ya he mencionado, Elizabeth Blackwell, la primera mujer doctora en los Estados Unidos, me inspiró como mujer profesional cuando yo era muy joven. Su historia me hizo sentir que mis oportunidades no tenían límite. ¿Después de todo, tengo treinta y siete años y todavía hablo de esa mujer! No quiero decir que ella esté en la misma categoría de «mentor» que mi madre, ni siquiera a años luz. Pero la Dra. Blackwell sí me inspiró de una manera muy específica en mi carrera.

Porque la familia no está siendo enfatizada lo suficiente, los niños tienden a buscar un mentor fuera de ella: figuras del deporte, actores y otros extraños. Y en defensa de estos últimos, se supone que ellos no sean los mentores principales de tus hijos.

Los padres les dicen a los niños la verdad y aquello que no quieren escuchar. A veces les es más fácil a los niños obtener las respuestas fáciles de otros que no los conocen o a quienes no les interesan. Hay un dicho que dice: «No hay preguntas indiscretas, sino respuestas indiscretas». Esto también se puede traducir como «no hay preguntas estúpidas, sino respuestas estúpidas,» por lo que los niños no deben tener miedo a hacerle preguntas a sus padres.

Los padres están en una posición única para inspirar a sus hijos cada día a través de sus palabras y acciones. Hay una gran diferencia entre una frase como «ve en busca de tus sueños» y una guía para las acciones subsiguientes que únicamente un padre le puede dar a un hijo cada día.

«Dime con quien andas
y te diré quién eres».

Con quien te asocies es un reflejo de ti mismo, al igual que quién intentas llegar a ser. Espero que este dicho te invite a preguntarte: ¿a quién imitas en la vida? ¿quiénes son las personas a tu alrededor, las otras mujeres y profesionales que has conocido a las que te quieres parecer? Admiro a las personas, especialmente mujeres, que lo combinan todo: familia, un negocio exitoso y el dar a la comunidad. Quiero ser como cada mujer increíble que conozco. Específicamente admiro a los hombres y mujeres profesionales que contribuyen a la comunidad, las personas comunes que contribuyen con sus propias horas gratuitas en medio de todas sus otras responsabilidades. Estas personas son parte de algo más grande que ellos mismos, viven la realidad fuera de la junta directiva siendo tutores y dando ayuda a niños sin padres y mucho más.

Para mí, lo más asombroso es cuando uno de estos individuos se sienta, me mira a los ojos y comparte sus ideas de por qué y cómo logra hacer tantas cosas maravillosas. Con el compromiso llega naturalmente el desafío, el reto de dar el tiempo y el esfuerzo para la causa. Y todas las causas para las que estas personas roban tiempo de sus agendas, son grandes causas. Algunos lo hacen porque es una parte obligatoria de su trabajo, pero estoy más interesada en observar a las personas que tienen una vida complicada y una familia, y aún tienen tiempo para entregarse. Admiro a esas personas que no temen echar a un lado sus títulos y riquezas para dar a alguien que lo necesita. Esas son las personas que realmente merecen la pena.

La humildad, la sinceridad y el saber compartir son las cualidades más importantes en un mentor: «Haz bien y no mires a quien». En este sentido, desde el punto de vista de la admiración, mis mentores son hombres y mujeres que no temen ser ellos mismos y entregar todo lo que tienen. Son personas que permanecen fieles a sí mismas y no temen ir tras lo que desean en la vida, mientras siempre permanecen conscientes de los demás a su alrededor. Para verdaderamente ir sólo tras nuestras metas hay que ser algo egoísta y pensar sólo en uno mismo. No debes tener miedo a decir «no» de vez en cuando para poder mantenerte enfocado en tus objetivos. Las personas más completas que he visto son determinadas, agresivas, ambiciosas y saben exactamente lo que quieren, en tanto que no abandonan el núcleo de sí mismas y su humanidad. Como mi padre, son individuos extremadamente enérgicos y nunca tienen miedo de saltar a través de cualquier aro que se les coloque en el camino. Estas son las personas a las que siempre he admirado y esto es también lo que espero para mi hija.

Siempre busco ser un mentor por medio del ejemplo. Con gusto sería el mentor personal o profesional de alguien que simplemente preguntara: ¿Cómo lo hizo?, ¿cómo se mantiene fiel a sí misma?, ¿cómo mantiene un lazo estrecho con sus padres?, ¿cómo se mantiene feliz en los negocios? Aceptaría la experiencia siempre que la relación de mentor se defina por el compartir mis experiencias profesionales como consejo o inspiración para otros. No estoy aquí para crear experiencias o proveer una guía específica para la vida única de otras personas, y espero que todos los mentores se sientan de esa manera. No estoy aquí para decirle a nadie que «debe» hacer algo solamente porque eso funcionó para mí. Prefiero inspirar a otros de la manera en que Elizabeth Blackwell me inspiró a mí, a través del ejemplo y los logros.

En particular, espero ser un mentor para los niños latinos que tratan de lograr sus metas. Insisto, no diciéndoles específicamente qué hacer, para eso es que existen las madres. Lo más importante que quiero inspirarles es a estar cerca de sus familias, porque ese lazo con mi familia es la verdadera raíz de todo lo que tengo y de lo que lograré en adelante.

«Los celos se parecen a la pimienta,
que si es poca, da gusto;
si es mucha, quema».

Los verdaderos grandes mentores de negocios y personales son una misma cosa. No se quedan atrás, siempre dan al cien por cien cuando aconsejan en temas personales y de negocios. Cuando se saca a un mentor de negocios fuera del trabajo corporativo, es exactamente igual que un ser humano y un amigo. Lo he visto una y otra vez en mis propios mentores.

Uno de mis «remisos» mentores de negocios es una mujer muy exitosa que fomentó su propio ejercicio jurídico y es reconocida nacionalmente por su trabajo en su especialidad. Comenzó su práctica después de que se casó y tuvo un hijo, lo que le hizo tener flexibilidad en el trabajo. Con tiempo limitado en sus manos, la mayor parte de éste terminó dedicándolo a su hijo y a su práctica jurídica. Todo ese tiempo y su trabajo arduo dieron fruto, y se convirtió en una de las mejores en su campo a escala nacional. En lugar de simpatizar con este tipo de energía y ambición, las mujeres tendemos a tener celos. Es mucho más fácil para las mujeres ridiculizar y tratar de negar el éxito que aplaudirlo y emularlo.

Esto nunca ha tenido sentido para mí, las mujeres negándose a ser mentoras de otras mujeres por una paranoia de celos de que una va a sobrepasar a la otra en lugar de compartir información. ¿Por qué será que mientras más éxito tienen, menos mujeres se llevan bien las unas con las otras? Una mujer mentora de otra mujer es una unidad dinámica completamente diferente en sí misma. En general, las mujeres no son tan generosas entre sí. No me malinterpretes, he conocido a mujeres profesionales increíbles de quienes aprendí puramente de su ejemplo. Sin embargo, al principio, lograr que se abrieran y me dieran lo que libremente me dan ahora, fue todo un reto. Me fue difícil, porque la mayoría de las mujeres, sencillamente, se negaron a ser mis mentoras. No es que estuviera desesperadamente perdida y no pudiera continuar sin un mentor. Después de todo tenía a mi madre y a mi familia. Sólo que hubiera sido un bello gesto y un símbolo de camaradería de mujer a mujer, simplemente haberlo ofrecido. ¿Es una cuestión de confianza o de celos que yo no haya contado con más mujeres profesionales como mentoras? Acaso temían que les quitara su trabajo o que fuera mejor que ellas si compartían conmigo, aunque fuera una pequeña fracción de su conocimiento? Tal vez sea un tema de autoestima, una cuestión de autovaloración: «no creo que tenga algo que ofrecer como mentor por lo que voy a idear una razón para no tener que hacerlo». Lo bueno de estas experiencias es que aprendí a no tenerle miedo a la competencia. Si estás controlada por la competencia con otros, te volverás loca. La vida es suficientemente grande para ti y tus competidores.

Los hombres parecen haber dominado el arte de ser mentores, apoyando el éxito de unos y otros mientras se dedican a una competencia sana. En el negocio de la ley, he observado cómo se envían casos unos a otros dondequiera, constantemente generando negocios para todos. Las mujeres no se apoyan tanto unas a otras. Todas tenemos tanto miedo constantemente queriendo ser las mejores, que tenemos dificultad en aceptar que a veces lo seremos y otras veces, no. Los hombres desean ser mentores de otros hombres para «fortalecer el equipo», por así decirlo. En las reuniones sociales de profesionales, mi experiencia ha sido que siempre los hombres son más libres con los consejos que las mujeres. Siempre busco, intencionalmente, en los eventos hablar con mujeres más jóvenes, porque sé lo difícil que es cuando se está empezando y las millones de preguntas que les están dando vueltas en la cabeza y que necesitan respuestas.

Si una persona joven recurre a ti por cualquier razón, de alguna manera le has inspirado al decir o hacer algo que han aplicado con éxito en su propia vida. Lo creas o no, te estoy pidiendo que confíes en que tienes algo de valor para compartir con ellos. Encuentra el tiempo, pon a un lado tu propia inseguridad, y si es un asunto de confianza o de celos, ¡contrólate! Cuando alguien ve una luz en ti, la única responsabilidad que tienes es la de compartirla con esa persona.

■ ■ ■ ■

Sexta parte:
Lecciones para
el alma del
inmigrante

■ ■ ■ ■

CAPÍTULO DIECISÉIS
EL INGLÉS COMO SEGUNDO IDIOMA

«A buen entendedor,
pocas palabras bastan».

Saber que yo asistiría a una escuela con compañeros que hablaban inglés también me motivaba a dominar ese nuevo idioma. Ya en Estados Unidos, recuerdo haber estado realmente avergonzada de no poder comunicarme con mis amigos. Al igual que mi madre, que padeció un aislamiento cultural en San Ysidro durante los años anteriores, yo sufría ahora el aislamiento debido al idioma, al ser una niña incapaz de comunicarse en la escuela.

Me sentía avergonzada de hablar mejor el español que el inglés. También me avergüenza reconocer que no quería hablarle en español a mi madre en presencia de mis amigos, porque pensaba que ellos se burlarían de mí. Pienso que estos sentimientos son comunes para todos los que emigran a este país, especialmente para los niños. Aquí en Estados Unidos ellos hablan inglés en la escuela y con sus amigos, y luego hablan español en casa con su familia. Me sentía señalada porque hablaba español. Para mí, esto se convirtió en un desafío y en una incomodidad, porque quería ser como mis amigos americanos. No sé realmente de dónde saqué esta idea, tal vez por haber escuchado algo o a alguien decir algo. En realidad, nunca nadie se burló de mí porque yo hablara un idioma mejor que el otro. Al contrario, mis amigos me lo celebraban y les agradaba.

Los recuerdos de mi madre sobre mis vivencias fueron también muy positivos: «Cuando asistías a la escuela en Estados Unidos, aunque al principio no hablabas inglés, nunca tuviste dificultades para comunicarte con tus amigos». Al parecer, yo era una niña muy expresiva (y parece que aún lo soy). Todos conocemos aquello de que «los niños pueden ser crueles», pero esa no fue, en modo alguno, mi experiencia. Yo tenía mucho temor de no caer bien porque no hablaba inglés, pero no puedo recordar una experiencia desagradable con mis amigos y compañeros.

Mi madre dice que, debido a esto, posiblemente resultó muy sencillo para mí aprender inglés y continuar con mi enseñanza normal junto con todos los demás. En las escuelas a las que asistí no había programas especiales de «inglés como segundo idioma», y no se me asignó un traductor o un tutor de idiomas— era, literalmente, nadar o hundirse—. Me vi forzada a aprender inglés por pura necesidad. No tengo recuerdos de que fuera una experiencia negativa o difícil porque nadie me dijo que debía ser así. Simplemente, era algo que tenía que hacer, así que lo hice. Estoy segura de que me esforcé, desde el punto de vista académico, con el aprendizaje real del idioma. Pero les agradezco a mis padres que decidieran no alertarme sobre luchas sociales que nunca tuvieron lugar.

Las experiencias de mi niñez me enseñaron que no les damos a los niños suficiente confianza para adaptarse a las nuevas y cambiantes circunstancias en sus vidas. Es como un mecanismo de defensa, y un modo de proteger a nuestros hijos, que los preparemos para el drama y pongamos en sus cabezas toda clase de advertencias acerca de lo que viene. Cuando los chicos mayores vienen a Estados Unidos como inmigrantes, ellos saben, tanto como sus padres, que deben aprender inglés. Los padres se aseguran de que sus hijos aprendan inglés porque saben que así es como pueden sobresalir en el país. Si se detiene a un chico saludable que corre por el patio y se le dan unas muletas, existe una gran posibilidad de que súbitamente crea que las necesita. Los chicos no son conscientes de una crisis inminente a no ser que les digan que se preparen para ella. Pienso que nuestro error como padres es que, en lugar de advertir y preparar a nuestros hijos, debiéramos decirles que se trata de una aventura. Y cuando los chicos lo ven como una aventura, aprenden el idioma con más rapidez, no sólo porque tienen que hacerlo, sino porque quieren hacerlo.

En nuestra casa, era más fácil y normal que mi madre nos hablara en español. Lo mejor de todo esto es que la necesidad me permitió llevar dos idiomas al mismo tiempo. ¡Qué gran regalo! Haber conservado el idioma español aun para mi vida actual, tiene mucho que ver con mis padres. Aunque ambos son ciudadanos estadounidenses desde hace más de treinta años, ellos todavía se sienten más cómodos en su propio idioma que con el inglés como «segundo idioma». En familia, nos hablamos los unos a los otros en español y debido a esto, le enseño expresamente a Sofía español, además de inglés. Sé que hablar dos idiomas será para ella de gran provecho en la vida.

Habrás notado que no me referí al inglés como el «segundo idioma» de Sofía. Recientemente me he dado cuenta de que Christopher y yo la estamos criando, efectivamente, para que hable y use los dos idiomas por igual. Personalmente, espero que esto resuelva el «balance entre dos mundos» que yo he experimentado durante toda mi vida. Espero que Sofía vea el inglés y el español sencillamente como dos aspectos distintos de su mundo, un mundo con muchos colores y opciones. Ahora mismo, aún siendo una niña pequeña, ella tiene un conocimiento igual de los dos idiomas. Ahora bien, imaginen si todos los padres inmigrantes tomaran esta estrategia con sus hijos: enseñarles los dos idiomas por igual, sin referirse a uno o al otro como un «segundo lenguaje». Potencialmente tendríamos una nueva generación de niños que hablarían dos o más idiomas con igual facilidad y tendrían un conocimiento balanceado de todos los idiomas que hablen. Podríamos dejar a un lado el «inglés como segunda lengua».

Como profesional latina, he comprendido que el idioma español es una de mis mayores y más valiosas herramientas de negocios. Tener dos idiomas me ha permitido comunicarme con profesionales y gentes de todos los medios alrededor del mundo. El simple hecho de que soy latina y hablo español ha resultado en que la gente me busca a mí específicamente como profesional. Empleo el idioma español todos los días. Estoy orgullosa de decir que tengo un dominio excelente de ambos, del español y del inglés. Es un gran equilibrio. Para cualquiera con quien me encuentro está muy claro que soy un producto de ambos mundos.

«Los últimos serán los primeros».

Mateo 19:30

Las dificultades para hablar y comprender el inglés a veces impiden a los nuevos ciudadamos tomar parte en el proceso político. Cuando los políticos y los candidatos pueden hablar más de un idioma, les resulta beneficioso explicar los asuntos a su comunidad en su propio idioma. No obstante, del otro lado del problema, el desafío que resulta para los votantes leer sobre los acontecimientos y comprender los discursos del candidato, aumentan su apatía. Como hemos oído, la apatía es seguida por la desacertada pregunta que se hacen por igual los inmigrantes y los no inmigrantes: ¿cómo mi simple voto puede afectar el resultado? Si todos los inmigrantes, especialmente los latinos, comprendieran el poder que tienen para incidir en los cambios en Estados Unidos, las cosas cambiarían notablemente para bien.

Lo bueno es que, desde que mis padres inmigraron, estas barreras del idioma han empezado a levantarse para los inmigrantes cuya lengua nativa no es el inglés. Estamos apenas al inicio del proceso de reconocer el valor social y económico de los inmigrantes que llegan de todo el mundo, pero creo que, ahora como nunca, somos más multiculturales como nación. Profesional y económicamente, todas las áreas de negocios han comprendido el valor de atraer a las comunidades de inmigrantes. Las compañías estadounidenses están contratando inmigrantes debido a que la diversidad de idiomas, habilidades y aptitudes encajan en el mercado global actual. Se hace mucha publicidad en español para atraer a los clientes internacionales (y a la nueva mayoría de los estadounidenses hispanohablantes). Existe un mercado tan grande para estos profesionales en cualquier especialidad, que sería tonto, desde el punto de vista económico, ignorar los beneficios de un empleado multilingüe. Esto resulta especialmente irónico para mí, porque si hoy mi padre fuera un inmigrante que busca un trabajo en el mundo médico estadounidense, sería considerado como una ventaja que él hablara español.

«La ignorancia es muy atrevida».

Mientras los niños ven que venir de «otro mundo» y hablar otro idioma es algo único y «en onda», los adultos, amoldados y establecidos en sus costumbres, son a menudo recelosos. Es más fácil mirar a alguien de forma diferente si habla otro idioma. Cuando mis padres inmigraron por primera vez, enfrentaron mucha discriminación porque el inglés era su segundo idioma y aún hoy, más de cuarenta años después, los veo enfrentándola. Mi padre es un cirujano respetado y establecido, con un bello acento y una forma tan elegante de pronunciar y decir las cosas, al igual que Antonio Banderas y otras personas célebres no nativas de aquí. ¿Por qué la gente respeta y adula a los latinos famosos, mientras discriminan a sus iguales «no notables»?

Yo creo que la discriminación contra los inmigrantes está enraizada en un sentimiento de orgullo: «usted está en mi país, hable mi idioma». Una motivación aún mayor es el temor a lo desconocido. Un idioma «extraño o inusual» es el indicador inmediato de ese desconocimiento y dispara un temor subconsciente (o, desafortunadamente a veces, consciente) al cambio. En alguna forma están pensando, «éste es el mayor país del mundo y debemos conservar eso». El sentimiento es correcto pero, desde luego, la forma en que se demuestra no lo es. ¿Acaso la creencia de que cualquier clase de cambio es una amenaza se debe a que Estados Unidos es una nación tan joven, con una base histórica inestable en constante fluctuación?

¿Creemos que nuevas culturas, tradiciones e idiomas harán caer la casa de naipes? ¿O existe un sentimiento de culpa, ya que todos los estadounidenses sabemos que, de alguna forma, somos inmigrantes «en tierra prestada», muchos de los cuales no sabíamos inglés cuando llegamos (europeos, asiáticos, africanos y latinos por igual)? Tal vez cuando llega «un nuevo acento» nos viene esto a la memoria, y recordamos la turbulencia cultural de la historia de Estados Unidos. Nos preguntamos si acaso un acento más, una cultura más, dará origen a una renovada turbulencia «en nuestra tierra». La pregunta es, ¿acaso este miedo, esta reacción visceral y esta larga historia justifican la discriminación? ¡La respuesta es no!

¿Qué se necesita que ocurra en Estados Unidos para traspasar estas barreras, colocadas inmediatamente después que se advierte un acento? Puede parecer que se trata de una pregunta tonta, pero ¿cómo le volvemos a enseñar a Estados Unidos la forma en que verdaderamente debe lucir un crisol?

Las comunidades de inmigrantes necesitan presionar más, sin temor, para fijar su lugar en la historia estadounidense. Depende de nosotros motivar el cambio. Dentro de nuestras comunidades debemos hablar con orgullo y sin ocultar nuestro acento.

«La diligencia es madre de la buena ventura».

Enrique hablaba español, mientras que la mayor parte de sus compañeros de clase no lo hablaba. Increíblemente, él estaba más adelantado académicamente en matemáticas, historia, literatura y en muchas otras materias. Pero aún se sentía fuera de lugar. Su madre le dijo, como sólo podía hacerlo ella: «¡Lo único que necesitas ahora es aprender el idioma!».

En medio de su lucha por aprender el idioma y comunicarse con sus compañeros de aula, Enrique se las arregló para hallar algo de humor en algunas de las situaciones con relación al idioma en que se encontraba. Por ejemplo, inicialmente había confrontado dificultades para ordenar su comida y estaba demasiado avergonzado como para pedirle a su acompañante que le tradujera. Por ello, se paraba detrás de alguien en la fila y esperaba hasta que ordenaran su comida. Cuando le tocaba el turno de ordenar, pedía que le dieran lo mismo que al otro, con la esperanza de que la persona delante de él hubiera pedido algo bueno. ¡Imagino que era también una buena manera de familiarizarse con las comidas en su nuevo país!

La experiencia más molesta y memorable de todas las que pasó Enrique le ocurrió pocas semanas después de su arribo a Estados Unidos. Durante una sesión de taller de mecánica tuvo necesidad de ir al baño, pero no sabía cómo pedir permiso al maestro y estaba temeroso de molestar a su compañero que, por casualidad, era el bravucón de la escuela, conocido como el «Lechero». Este muchacho estaba en una pandilla y había dejado su «marca» en graffiti por todo el Este de Los Ángeles. Todos lo conocían. Enrique decidió correr el riesgo y sencillamente salir del aula hacia el baño. Por cosas de la suerte, se encontró con un profesor en el corredor, que le exigió ver su pase, una exigencia que Enrique no podía ni entender ni cumplir. Él recuerda que estaba muy asustado, repitiendo una y otra vez: «Sorry, no English». Por fin, el profesor le preguntó dónde estaba su aula y Enrique le apuntó con el dedo hacia ella. El profesor procedió a avergonzar a Enrique frente a toda su clase diciéndole al instructor del taller: «¡Este es su estudiante y le encontré en el pasillo tratando de ir al baño sin un pase!». Toda la clase lo miró y dijo: «Ahhh... sin pase, denle una palmada!» Aparentemente, en esos tiempos los profesores les daban a los muchachos palmadas en el aula cuando se comportaban mal. Enrique me cuenta cómo usaron un gran «palo» (una palmeta) para «golpearle las nalgas».

El instructor del taller le gritó a Enrique frente a toda la clase que por qué estaba fuera de la clase sin un pase. Una vez más, él dijo «*No English*», por lo que el instructor preguntó que quién en la clase hablaba español. Para su disgusto, el Lechero, el compañero de Enrique, se ofreció inmediatamente de voluntario para traducir y le explicó lo que estaba ocurriendo, pidiéndole una respuesta para dársela al profesor. Enrique le dijo al Lechero que lo disculpara con el maestro y le dijera que no sabía que necesitaba un pase para caminar por el pasillo. Pero el Lechero tradujo así la respuesta de Enrique al profesor: «¡Oiga, eso no es asunto suyo!». ¿Pueden ustedes creerlo?

Por supuesto que el maestro se puso furioso, pero afortunadamente Enrique tenía una persona más honesta en la clase, un chico de Guatemala con quien había hecho amistad. Su amigo lo defendió en el acto y aclaró la traducción, lo que funcionó muy bien porque de cualquier manera al profesor no le agradaba el Lechero. Así que el maestro terminó dándole una palmada a Enrique y otra al Lechero.

Después de la clase, la respuesta del Lechero a su palmada fue decirle a Enrique en español: «Te voy a brincar!». De nuevo, Enrique estaba confundido. La traducción del Lechero resultó ser en verdad algo llamado «Spanglish». La palabra «brincar» significaba para Enrique sencillamente «saltar» como en «saltar sobre algo» en lugar de «saltar sobre él y golpearlo», tal como el Lechero claramente pretendía hacerle. Él no entendió que esto significaba que el guapetón lo golpearía de lo lindo. Por supuesto, después de la escuela el Lechero estaba esperándolo para golpearlo. ¡Enrique recuerda que nunca corrió tan rápido en toda su vida!

Enrique llegó a su hogar e inmediatamente le dijo a su madre: «¡Nos regresamos a casa, a Morelia! ¡Yo no quiero vivir más en este país donde alguien quiere matarme!». Y así fue como mi amigo Enrique aprendió que la cuestión del idioma sería su mayor barrera como inmigrante.

Consejo Breve

Aprende inglés

Los latinos que son completamente bilingües tienen más posibilidades de triunfar profesionalmente.

Capítulo diecisiete
Para conservar nuestras raíces

«El que es ciego de nación,
nunca sabe por dónde anda».

Yo también encaré este desafío y ahora, mirando hacia atrás, quisiera haber estado más orgullosa de mi identidad cuando era niña. Siempre he estado orgullosa de ser quién soy, pero quisiera haber escuchado más lo que mi madre y mi padre me decían hace tiempo. Yo quisiera no haber tratado de hacerme de una identidad separada de la de ellos cuando no tenía necesidad de eso. A partir de lo que ellos me dieron e inculcaron, ya yo tenía mi verdadera identidad y todo lo que necesitaba hacer era perfeccionarla. Hoy considero un triunfo haber reconocido esta valiosa lección de mis padres. Quisiera ayudar a otras personas a comprender cuán valioso es ser de otra cultura. ¡Hay tanto que podemos hacer porque somos biculturales!

Soy una americana latina. Nací en Estados Unidos como latina. También soy madre, esposa, hija, hermana y profesional, según sea la situación. También he sido capaz de emplear mi idioma español y todos los valores que he aprendido de mi cultura colombiana para beneficiar a Estados Unidos. He puesto lo que algunas personas consideran «aspectos negativos» a funcionar como «aspectos positivos» en mi vida profesional al ayudar a otras personas. Estoy muy orgullosa de poder usar estos dones a diario, convirtiendo estereotipos negativos en valores positivos en los cuales las personas pueden inspirarse.

Experimentar las mismas tradiciones que mi madre y mi padre tenían cuando ellos crecían y compartirlas entonces en mi hogar con mi propia familia, es la prueba de que los niños verdaderamente son «la prolongación de nuestra existencia», como dice el dicho. Para mí es asombroso que mi hija, a tan corta edad, sea capaz de comprender la diferencia entre sus dos idiomas. Ella sabe a quién debe hablarle en español y a quién en inglés. Esto realmente demuestra que los niños son esponjas humanas: ella, simplemente, lo comprende. Puede ser que aún no comprenda la cultura, pero comprende claramente que somos lo que somos. Sofía ve cuán maravilloso es estar rodeada de muchas personas constantemente, pues desde que era una bebé ha conocido gente nueva. Siempre ha vivido en un ambiente lleno de nuevas personas, y le agrada ese aspecto de nuestra familia y de su cultura. Mediante el ejemplo de su familia, Sofía ha aprendido que su historia es de una gran riqueza.

«El mundo es de los valientes».

En cuanto al lado positivo, Estados Unidos tiene personas de todos los estilos de vida y de todas las partes del mundo. Una de mis cosas favoritas sobre este país es la belleza de sus paisajes, especialmente aquí en California, donde hay desierto, playa y las colinas nevadas para esquiar, a escasas horas de viaje entre ellos. De las montañas a las playas a través del resto del país, y a pesar de los estereotipos sobre la sobrepoblación de inmigrantes, todavía nos las arreglamos para que cada quien encuentre aquí un lugar a su gusto. A pesar de la desinformación, el país no ha dejado de ser una entidad viviente que se revitaliza continuamente con cada nueva ola de inmigrantes. Aquellos que no conocen nada mejor, a menudo intentan detener este fenómeno de crecimiento natural que ha sobrevivido por cientos de años. Todo lo que logran hacer es hacer creer a los inmigrantes que son indeseables y que aquí tienen oportunidades muy limitadas cuando, de hecho, la verdad es todo lo contrario. ¿Y si los inmigrantes realmente comenzaran a acceder al poder que tienen? Estados Unidos es un campo de juego listo, con voluntad, esperando que eso ocurra. Creo que se podría decir que la oportunidad es un factor inherente en nuestra familia nacional. Tal como siempre dice mi padre: «cualquier cosa es posible en Estados Unidos... aquí las oportunidades son ilimitadas».

¡Todos los inmigrantes, recientes y antiguos, deberían sentirse entusiasmados ante estas oportunidades! Tú, como persona individual, puedes crear aquí tu propio pequeño nicho. Trae tu cultura y haz que funcione para ti, porque eso es lo que te hará exitoso e insustituible por derecho propio. El secreto para hacerlo en Estados Unidos es encontrar tu propia identidad como persona, ser feliz con ella e incorporarla a cada faceta de tu vida. Eso significa traer tu cultura a todas las diferentes áreas de tu vida.

Estamos en Estados Unidos y debiéramos estar orgullosos de estar aquí. Recibe con los brazos abiertos cualquier cosa que el país te dé: los días de fiestas y sus orígenes, la trascendencia de la historia del país. Deberíamos respetar nuestras propias tradiciones incorporando pedacitos de Estados Unidos a ellas. Personalmente, yo pienso que adoptar estas «nuevas» tradiciones no es deshonrar nuestras propias culturas. En lugar de ello, pienso que las refuerzan.

Tuve la oportunidad de aconsejar a un muchacho latino que me había confiado en secreto que estaba avergonzado por la cultura de su familia, al extremo de que quería cambiar su nombre para ser como sus amigos estadounidenses. Traté de explicarle que aún cuando se cambiara el nombre tendría la piel morena y los cabellos oscuros. Aun con un cambio de nombre, su esencia y la esencia de su identidad nunca cambiarían. Le dije que estuviera orgulloso de sus tradiciones y de su cultura. Le pregunté si sabía que los latinos van a la guerra, pelean y mueren por este país como héroes. Le pregunté si sabía que como latino podría tener más oportunidades para tener éxito que alguien que no habla otro idioma. También le pregunté si él quería ser como cualquier otra persona. En Estados Unidos lo importante es ser un individuo único. ¿Por qué quería deshacerse de lo más estupendo de sí mismo?

Hay un dicho que dice: «no hay que dar el brazo a torcer». Mi papá describía esa situación particular de esta manera: «Este joven deja que alguien comprometa su identidad». Alguien le había puesto un complejo de inferioridad en su cabeza: estar abochornado por los acentos de sus padres. Ahora él ansiaba sacrificar lo mejor de sí mismo porque este complejo de inferioridad lo hacía avergonzarse de sus padres.

Otro gran ejemplo de esta lección ocurrió cuando la consejera de la universidad de mi amigo Enrique le dio una recomendación valiosa y eterna para defender su identidad y su nombre. Ella le dijo: «Recuerda que, no importa lo que pase en la vida, tú eres Enrique. Nunca cambies la pronunciación de tu nombre por otra forma, porque tú eres Enrique. Deletréaselos a ellos si no lo entienden. No se lo hagas fácil a nadie». Ella le enseñó a tener fe en sí mismo.

Los muchos latinos que solamente hablan español, especialmente los atletas famosos y las estrellas del cine, no están apenados por su cultura. Ellos saben que si uno cambia su identidad, cambia quien uno es. Mantenerse fiel a ambos aspectos de su identidad —viejos y nuevos— es una decisión que verdaderamente requiere coraje. Mi enseñanza para Sofía, la que aprendí a través de las acciones de mis padres, es: «el mundo es de los valientes».

Pienso que mi valiente amigo Enrique, cuyas anécdotas acerca de sus desafíos como no nativo compartí previamente con ustedes, es una gran inspiración en este sentido. Él ha empleado su cultura, sus enseñanzas familiares y sus raíces más como medios para el éxito, que como estorbos u obstáculos. Él es el ejemplo perfecto de un inmigrante que emplea su propia identidad como una ventaja.

Desde luego, como muchos otros antes que él, Enrique enfrentó la discriminación y el tratamiento desigual a los que tuvo que sobreponerse. Lo sintió en ese momento y a menudo me comenta cómo lo ve todavía. Estoy de acuerdo con él cuando me dice que los inmigrantes no pueden dejar que estos desafíos los distraigan de sus objetivos.

Enrique dice que él nunca ha permitido que la discriminación le moleste o le haga sentir como una víctima. Mi amigo nunca se ha sentido como un forastero o como un extranjero en este país. Se ha hecho siempre el propósito de aprender la historia de «su tierra», Estados Unidos. Enrique dice que él siempre se ha sentido como si estuviera en un campo de juego en igualdad de condiciones.

«La justicia cojea, pero llega».

Una pregunta común que me hacen es: «¿De dónde viene su energía?». Creo que la respuesta es simple: de los ejemplos de mis padres, de la pasión que tengo por la práctica jurídica especializada que hago en un área legal, de la oportunidad que se me facilitó para llegar a toda mi comunidad cada día a través de la televisión y de los medios de comunicación y del amor que siento por mi comunidad y su cultura.

Por ejemplo, con los patrones de mis padres inmigrantes a seguir, es fácil comprender mi pasión por ciertas cosas, entre ellas mi práctica jurídica con la ley de inmigración. Después de todo, Estados Unidos es una nación de inmigrantes y no sólo de inmigrantes latinos. A lo largo de su historia, este país ha sido un faro de libertad y de tolerancia, una tierra de oportunidad para que todos tengan éxito. La fortaleza de este país se halla en las influencias culturales y tradiciones incomparables que los inmigrantes han traído aquí. Si olvidamos esto, perderemos esa fortaleza.

Mediante mi práctica jurídica he tenido la oportunidad de integrar a inmigrantes de todas las procedencias al patrimonio estadounidense. Desde profesionales en los negocios, atletas, pintores y escultores, músicos, animadores, hasta el cocinero que le hace tu desayuno o almuerzo cada día en tu restaurante favorito. Inmigrar a este país es complicado, toma un tiempo largo y conlleva el desgaste de una considerable cantidad de energía y emociones. Esto deja a muchos inmigrantes desconectados y desanimados, pero al fin encuentran algo que les da fuerzas para continuar. A pesar de las luchas y los estereotipos negativos sobre los inmigrantes, la mayoría nunca se rinde debido al profundo amor que siente por su país adoptivo. Permítanme comentarles que no hay palabras que describan adecuadamente el sentimiento de ser parte de los sueños de alguien, de contribuir a ayudar a alguien a cimentar su vida como ciudadano laborioso de este país. En cada nuevo cliente, siempre encuentro a alguien que me hace recordar la historia de mi familia, mis raíces de inmigrante.

Capítulo Dieciocho
Estados Unidos o
LA GRAN COBIJA DE RETAZOS

«Pueblo dividido, pueblo vencido».

Estados Unidos es la mayor potencia mundial debido a su diversidad, que es nuestra mayor fortaleza. Los inmigrantes forjaron con su sangre, su sudor y sus lágrimas la estructura de esta gran nación. Sin excepción, los inmigrantes del «pasado» son vistos con respeto y gratitud. ¿Por qué entonces son menospreciados los inmigrantes de los tiempos actuales? Ciertamente, nosotros deberíamos ser capaces de vivir en la misma calle junto con familias inglesas, alemanas, mexicanas y todas las otras familias, tal como se las ingeniaron en su mayor parte los primeros inmigrantes para cohabitar en las vecindades restringidas de Nueva York y otras ciudades superpobladas.

Las contribuciones de los inmigrantes a

la seguridad de nuestra nación y a nuestra democracia están bien documentadas. Por ejemplo, un tercio de los otorgamientos de la Medalla de Honor Presidencial ha sido para los latinos. Los inmigrantes son patriotas, deseosos de luchar por la libertad. Muchos sirven en el ejército aunque aún no tienen la ciudadanía. Hoy hay más de veinte mil residentes legales permanentes, alistados en las fuerzas armadas de nuestra nación, protegiendo nuestros aeropuertos, puertos marítimos y fronteras. Los inmigrantes arriesgan sus vidas a diario alrededor del mundo para protegernos aquí en casa.

Más allá del dinero, los inmigrantes traen muchos beneficios para Estados Unidos. Sus numerosos logros van desde ser campeones olímpicos estadounidenses aun siendo nacidos en el extranjero, hasta alguien como Madeline Albright (nacida en Checoslovaquia) quien fue la sexagésimo cuarta Secretaria de Estado y una de las mujeres de mayor rango en la historia del gobierno de Estados Unidos. Hombres como Albert Einstein (de Alemania) y Alexander Graham Bell (nacido en Escocia) son algunos de los individuos más excepcionales en sus respectivos campos, y sus distinciones han traído honor y prestigio a Estados Unidos. Por ejemplo, ¿sabías que entre 1901 y 1991 cuarenta y cuatro de los

100 premios Nobel otorgados a los científicos estadounidenses fueron recibidos por inmigrantes o por hijos de inmigrantes?

Sin embargo, muchos grupos antiinmigrantes quisieran que el público estadounidense creyera que los inmigrantes de hoy son una comunidad estática y que subsisten en un círculo vicioso de pobreza, del que están imposibilitados de escapar. No obstante, como ha demostrado la historia, los inmigrantes generalmente vienen a Estados Unidos en busca de mejores oportunidades para sus hijos. Las expectativas de que sus hijos tengan éxito son a menudo la fuerza motriz que los impulsa, más allá de sus posibilidades reales de alcanzar una posición social de más rango.

Como consecuencia de los eventos del once de septiembre de 2001, Estados Unidos ha respondido con decisión, determinación y con un mayor compromiso hacia la libertad. Todavía están aquellos que emplearían estos trágicos sucesos para proponer que, en nombre de la seguridad nacional, Estados Unidos debería cerrarse al resto del mundo. Las propuestas varían, desde cuadruplicar el número de agentes fronterizos, hasta construir la «gran muralla americana» a lo largo de toda nuestra frontera sur. Pero con esto dejamos de reconocer que la inmigración no es el problema, el problema es el terrorismo.

¿Cómo pueden lastimarnos los inmigrantes, que tanto contribuyen a nuestra sociedad?

Nuestras leyes de inmigración, diseñadas para ser justas con los inmigrantes de todo el mundo, se han endurecido a lo largo de los años. ¿Por qué? Yo pienso que sobre todo es debido a estereotipos negativos e imprecisos, fundados en el miedo asociado con estos «recién llegados»: son delincuentes, perezosos, que arrebatan los puestos de trabajo a «los estadounidenses trabajadores», que agotan los recursos, etc. En realidad, los inmigrantes son personas sumamente trabajadoras. Pero, por supuesto, cada forma de vivir en el mundo incluye personas buenas, malas, holgazanas y trabajadoras. ¿Por qué es que sólo los inmigrantes son señalados con un prejuicio tan mal informado, en el único país donde todos ellos deberían ser bienvenidos y aceptados? ¿Estamos temerosos de la competencia? Temiendo que alguien pudiera ser mejor que nosotros y usando eso como motivación para la discriminación, no estamos representando acertadamente todo lo que representa Estados Unidos.

Irónicamente, cuando mis padres vinieron, las leyes eran más receptivas para los inmigrantes, aunque existía más discriminación. Hay un desacuerdo entre la discriminación y la dureza de las leyes de inmigración. Había, y aún hoy día lo hay, un temor de que los inmigrantes echen a perder nuestro país. Otra ironía es que la gente famosa lo pasa más fácilmente con las leyes de inmigración. Hacemos atractiva la inmigración para atletas y actores, pero la convertimos en todo un desafío para enfermeras, maestros y científicos, profesionales que mucho necesitamos en Estados Unidos. Las leyes de inmigración no parecen recompensar a las personas trabajadoras que hacen grande a nuestro país. ¿Qué dice eso acerca de las actitudes de Estados Unidos hacia los valores y las prioridades del trabajo? Esa actitud se ha convertido en discriminación inherente a nuestras leyes de inmigración. ¿Por qué nos estamos quedando atrás en la educación, lo que resulta en un atraso como nación en ciencia y tecnología? ¿Por qué nuestros niños no están dispuestos a trabajar tan duro como las generaciones pasadas? ¿Será acaso porque estamos impidiendo la entrada al país a personas trabajadoras que podrían contribuir a elevar los valores del trabajo en nuestra nación? Deberíamos, en lugar de ir en su contra con la discriminación, adoptar y celebrar esta clase de valores. Imagínate qué ocurriría si así lo hiciéramos y nuestros hijos lo vieran. ¡Qué mensaje tan increíblemente positivo les enviaríamos!

Nuestras leyes varían, desde luego, de acuerdo con la nacionalidad del inmigrante, su profesión, su relación familiar y la situación. Para ser justos, como nación somos compasivos cuando se tienen situaciones y circunstancias únicas: existen programas especiales para inmigrantes de todas partes del mundo, estados legales de protección para los países en guerra civil, víctimas de desastres naturales, etc. Los inmigrantes saben que, día a día, se endurece la situación, especialmente desde que a partir del 11 de septiembre se generara un miedo hacia los recién llegados. Cualquiera que sea su circunstancia específica, todos los inmigrantes llegan a Estados Unidos para empezar de nuevo, listos para alcanzar un nivel de éxito que probablemente no podrían haber alcanzado en su país natal.

Creo que mi amigo Enrique, al igual que mi padre, es la personificación del coraje que se necesita para dejar su país, venir aquí y arriesgarlo todo para alcanzar el «sueño americano». Esto demuestra el tremendo valor, la paciencia, la tolerancia y la ausencia de prejuicios que son necesarios para inmigrar y tener éxito en un nuevo país. Sus historias son típicas de muchos otros nuevos ciudadanos de nuestro país. La historia de cada inmigrante es parecida en muchos sentidos.

Mi amigo Enrique me dice que él no cree haber planeado inmigrar alguna vez. De hecho, estaba muy feliz en México hasta la edad de catorce años. Estando allí, en lo profundo de su mente, tal cual es el caso de muchos inmigrantes, o al menos debería serlo, siempre sintió curiosidad por la historia de su familia y por sus raíces. Me cuenta acerca de todos sus familiares de Estados Unidos que siempre visitaban a su familia, que vivía «felizmente» en México. Su padre tenía muchas tías y tíos que vivían en Estados Unidos, la mayoría en California y en Arizona, por lo que Enrique sabía que debía existir una conexión entre vivir en México y vivir en Estados Unidos. Súbitamente, Estados Unidos no era un país «extranjero» y lejano. Mientras tanto, los negocios en México no marchaban bien. El padre de Enrique era dueño de un negocio de camiones de carga que transportaba mercancías entre diferentes ciudades de México. Estaba confrontando problemas, envejeciendo demasiado y con una dura competencia. Así que, en cierto momento, y lo que resultó ser el destino de Enrique, su padre vino a Estados Unidos temporalmente para ganar más dinero con que mantener a su familia, mientras ellos lo esperaban pacientemente en México. Su padre llegó en 1963 (el mismo año en que mis propios padres, Darío y Aracelly, llegaron al Bronx), cuando apenas había cumplido los treinta años y Enrique tenía cerca de diez. El padre de Enrique terminó trabajando en Albuquerque, Nuevo México, porque ahí era donde vivía su padrino. Le envió siempre dinero a su familia y los llamaba y les escribía diciéndole a todos cuánto lamentaba estar en Estados Unidos sin ellos y que deseaba regresar a México para verlos.

Existen incontables historias como la de Enrique en todas las ciudades a través de Estados Unidos. Mientras los inmigrantes son absorbidos exitosamente, ellos brindan un poco de su propio país, ayudándonos a crear lo que somos como nación. Piensa en ello: el pequeño Tokio, la pequeña Italia, el Barrio Chino, etc. Estados Unidos es un lugar donde cualquiera puede venir y sentirse como en casa.

«Dadme vuestros agobiados, vuestros pobres, vuestras masas amontonadas que anhelan respirar con libertad, el miserable desecho vertido por vuestras costas.

Enviadme a estos sin hogar arrojados por la tempestad.

Alzo mi antorcha al lado de la puerta de oro».

Inscripción en la Estatua de la Libertad

Estados Unidos es el único país en el mundo que ha transmitido mensajes abrumadoramente enérgicos de franqueza y de acogida a lo largo de su historia. Tal vez hayas oído eso de que «no hay más lugar en la posada» en nuestro país. ¿Puedes imaginar lo que sería si eso fuera realmente cierto? ¡Qué triste fin sería para tan colosal historia!

Estoy ansiosa por llevar a Sofía a visitar la Estatua de la Libertad. Estoy ansiosa de que ella sienta ese inmenso poder y orgullo de encontrarse en la cima de este símbolo de su país. Estoy ansiosa de que ella se sienta de esa forma acerca de su país: la aceptación de todos y esa mágica e indescriptible sensación de nacionalismo. Aspiro a que su experiencia con la Estatua de la Libertad refuerce en ella el hecho de que vive en el país más fabuloso del mundo y de que esta majestuosa dama nos fue dada como regalo porque simbolizamos la libertad.

■■■■

SÉPTIMA PARTE:
VIVIR DE ACUERDO A LOS DICHOS

■■■■

Capítulo Diecinueve
Vivir el momento

«No podemos posponer la vida hasta que estemos listos. La característica más importante de la vida es su urgencia».

José Ortega y Gasset

Qué significa realmente «vivir el presente»? Como dice una de las más antiguas expresiones en la historia del mundo: *Carpe diem* —«Disfruta el día!». Nunca olvides que el camino hacia arriba es la mejor parte. Disfruta cada día y haz tu mejor esfuerzo para no obsesionarte con la meta final. Hay un relato maravilloso titulado «La estación», de Robert Hastings, que demuestra bien este aspecto. El cuento describe que estamos tan obsesionados con el destino final —bien sea llegar a los diecicocho, a los veintiuno, terminar la escuela, conseguir la casa o el auto de nuestros sueños, o retirarnos—, que fracasamos en comprender que «la verdadera alegría de la vida está en la travesía». Los momentos transcurridos del punto A al punto B son los verdaderos y, por lo tanto, los más valiosos. La estación, en palabras de Hastings, «es sólo un sueño». El agua viene y va, pero los momentos que creamos para nosotros, y en los que vivimos, permanecen.

Cada día que vamos a nuestro trabajo lo hacemos con la suposición de que el hoy es ya una realidad y que el mañana le seguirá con certeza. En algunos aspectos, este simple pensamiento fijo está más cercano a la complacencia que al vigor y al entusiasmo del momento. De pronto, en un solo instante, el mundo en que vivimos en nuestra imaginación puede cambiar inmediatamente. La mayoría de nosotros ha experimentado en alguna ocasión una de esas llamadas experiencias transformadoras que nos cambian la vida y que, al final, nos hacen madurar. Ya sea que la experiencia se considere trágica o una bendición, se convierte para siempre en una foto instantánea de nuestra vida. Es en estas ocasiones en que debemos buscar un apoyo y decidirnos a realizar un cambio. Si no lo hacemos, podemos quedarnos en un marasmo de mediocridad.

Mi hermano José estudió medicina fuera de Estados Unidos, tal como había hecho mi padre. José tenía un grupo de amigos muy cercanos en la facultad de medicina, uno de ellos llamado Eric. Durante ese período, José y Eric pasaron algún tiempo en Nueva York haciendo su residencia médica. En una ocasión Ray (mi suegro), que era vendedor ambulante de juguetes, estaba en Nueva York y con mi ayuda buscó a José y les ofreció a él y a Eric ser su anfitrión una noche en la ciudad estilo «Duques». Ray se apareció y los recogió a los dos en un auto y ¡caray! pasaron esa noche por todos los bares de la ciudad. Esto tuvo tal impacto en José que aún hoy habla de aquella noche. ¡Como conocí a Ray y tantas veces escuché a mi esposo contar las viejas historias de los Duques, me imagino cómo se divirtieron esa noche!

Adelantémonos al año 2001, cuando mi querido suegro, después de estar enfermo bastante tiempo, estaba en el Hospital de Veteranos en Loma Linda, más enfermo que nunca. ¿Y quién entra a su habitación como su médico para tratarlo? ¡Eric! Ray estaba muy enfermo y no lo reconoció inmediatamente, pero Eric rememoró rápidamente lo ocurrido esa noche en Nueva York, y le dijo a Ray cuánto se habían divertido él y José y cómo lo apreciaba todavía. Entonces Ray se acordó y los dos volvieron a recordar el pasado. La reunión se interrumpió después de que Eric reconoció a Ray, le hizo algunas pruebas y estuvo bien seguro de lo que había encontrado. Inmediatamente, llamó a mi padre y le dijo lo que había hallado.

Mi padre llamó a mi esposo al instante y le dijo que fuera a Loma Linda, recogiera a su padre y lo trajera a su consulta enseguida. Al oír el tono de la voz de mi padre, Christopher así lo hizo, sin preguntar nada. Después de revisar los rayos X y de reconocer a Ray, mi padre vino a nuestra casa esa noche y le dijo a Chris: «Si hay algo que creo que debes hacer en la vida, es ir junto a tu padre. Hazlo ahora, porque él te necesita más que nunca.... Tiene cáncer y va a morir». Debe haber sido terrible para mi padre cambiar su papel de cirujano y tener que darle a Christopher, su yerno, una noticia tan horrible y desconsoladora. Sin saber mucho todavía del asunto, Christopher le respondió a mi padre: «Está bien, Darío, comprendo», y a partir de ese momento hizo todo lo que mi padre le pidió.

Después, el oncólogo decidió que fuera mi padre quien le diera a Ray la noticia. Ya entonces él estaba muy enfermo y aún antes del diagnóstico, los Duques llegaron de todas partes para congregarse a su alrededor. Parecían saber que algo malo ocurría. Hasta el día en que Ray murió, los Duques inundaron su casa y la nuestra con amor, compasión, risas e historias pasadas. El flujo de amor fue intenso y edificante.

Siempre recordaré con exactitud quiénes estaban en la habitación: desde luego, los Duques, mi padre y mi esposo y yo. Todavía recuerdo dónde estaba sentada cada persona y todos los otros detalles de esa noche en la sala de estar cuando mi padre dio la noticia. Ray, insistiendo en que el diagnóstico, cualquiera que fuese, viniera de un miembro de la familia, le dijo a Darío, «Dímelo francamente», y lo miró directamente a los ojos, el ejemplo impávido de un hombre «macho». Mi padre lo miró y le dijo directamente: «Tienes cáncer de páncreas y te estás muriendo». Todo lo que Ray hizo fue asentir con la cabeza, sin embargo, todos en la habitación incluyéndome a mí, teníamos un nudo en la garganta. Mi padre le dijo que tenía un tiempo estimado de vida de entre tres semanas y noventa días. Esa declaración, por sí sola, sacudió a mi familia. Despertó a mi esposo de su «depresión diaria» a la cual se había sometido voluntariamente. Mi padre le dijo a Chris: «Si hay algo que quisieras saber acerca de tu padre, este es el momento de preguntarlo».

Se dice que el cáncer de páncreas es el más doloroso y el más rápido en terminar con la vida de una persona. En cierta forma, esto es casi una señal del plan divino de Dios, al hacer que el tipo de cáncer más doloroso avance con mayor rapidez, de tal forma que la persona no sufra mucho tiempo. No obstante, desde nuestro punto de vista como familia era terrible saber que Ray nos abandonaría pronto.

Ese fue el mejor y el peor de los momentos. Lo mejor fue que pudimos pasar ese tiempo con él. Después del diagnóstico de Ray, él y mi suegra, Josephine, permanecieron con nosotros durante unas semanas. La casa estaba llena. El tiempo que pasamos con él fue, al mismo tiempo, increíble e irreal, un sentimiento difícil de describir. Lo peor ocurrió cuando observábamos a ese hombre fuerte, de hierro, perder lentamente su personalidad porque la enfermedad se lo llevaba. Tendrías que comprender un poco acerca de Ray y su pasión por la vida. Era un hombre, «el hombre», para ser precisos. Era listo, apuesto, vivaz, cautivador y tenía una personalidad formidable. Cuando entraba a una habitación, la dominaba inmediatamente sin proponérselo. Todos se sentían atraídos hacia él. ¡Eso es lo que hacía esto aún más desesperante! ¿Cómo se atrevía esta enfermedad a llevarse la vida de esta asombrosa persona?

Cuando murió, fue también el mejor y el peor de los momentos. Mi esposo y yo ayudamos a mi suegra a clasificar las pertenencias de Ray. Cuando comenzamos, descubrimos cajas y más cajas de fotografías y colecciones de recortes; la mayoría de los Duques. Mirábamos esos pequeños rostros diablescos y decorados de los Duques y nos podíamos imaginar las historias detrás de cada foto. Yo nunca he visto tantas fotos en toda mi vida. Lo más interesante es que realmente nunca tomé fotos antes de eso y ahora las tomo constantemente. Trato de aprovecharme de cada momento y de capturarlo en la película, especialmente cuando se trata de mi hija Sofía. Esas fotos fueron las enseñanzas de Ray para nosotros desde el cielo. Así es como hay que vivir la vida. Todavía hoy creo que él es mi ángel guardián. Su muerte nos enseñó a todos nosotros cómo vivir cada momento con gran pasión y vigor.

Ray fue un hombre que supo cómo hacer suyo cada día. Fue una luz que atraía a todo el mundo. Vivía la vida en el instante. Vivía para sus hijos, su esposa y sus amigos. Acogía a todos, y los amigos de Christopher se convirtieron en sus amigos. Cuando falleció, yo estaba maravillada de ver cuántos amigos de Christopher me dijeron en detalle cuán cerca de él se habían sentido. Algunos incluso deseaban que Ray hubiera sido su padre, y en esencia, lo fue.

Sé que también estoy hablando por Ray y por cualquiera que lo conoció cuando digo que tengo la esperanza de que cada uno de ustedes que lea esto ahora, aprenda a vivir el momento diario, ya que puede ser el último. El razonamiento puede parecer un poco morboso y el consejo un poco simple, pero no lo es. A todos nosotros nos ocurren muchas cosas. En muchas ocasiones pensamos qué ocurrirá a continuación o pensamos acerca de un acontecimiento pasado. Si gastas tu tiempo lamentándote del pasado o preocupándote por el futuro, no dejas espacio para el presente. Concéntrate en el presente. Cuando enfrentes un reto, atácalo en ese momento. No esperes. Si lo haces, puedes perderte el nacimiento de una oportunidad.

La próxima vez que hables con alguien, presta atención en dónde se encuentra tu mente. ¿Estás pensando en lo que dijeron o estás anticipando tu respuesta? Si haces esto, pierdes el momento. Cuando le prestes atención al momento, todas las preocupaciones del pasado y todos los temores futuros percibidos se desvanecen. En este estado mental eres capaz de ver la vida con claridad.

De hecho, mientras escribo esto, continuamos pasando por las pruebas y tribulaciones de la muerte de Ray y cómo afectaron a nuestra familia. Sin embargo, he sido capaz de hallar consuelo de nuevo en las cosas simples de la vida. Y le pido a cada uno de ustedes hacer lo mismo en todo momento y en todo lo que hagan. La próxima vez que hagan algo, ya sea en soledad o con su familia y amigos, deténganse, miren alrededor de ustedes y es probable que puedan adentrarse en uno de esos momentos significativos al hacer una de las cosas sencillas de la vida: simplemente, disfrutar de la vida y de todos los momentos que ella ofrece. Disfruta el momento —el lugar, los sonidos, los olores— y lo más importante, disfruta a las personas con quienes estás. No tomes ese tiempo a la ligera. Aférrate a cada momento, ya que es sólo en ese instante cuando ocurren las grandes cosas que te cambiarán para siempre.

Ray nos enseñó que todo puede esperar excepto la salud, la felicidad y la familia. Quisiera que en alguna forma él pudiera estar aquí para ver a Sofía. Cuando estoy con mi hija le presto mucha atención: le leo un libro, le hablo, juego con ella, vivo y disfruto su mundo. Resulta tan fácil estar atento cuando disfrutas del mundo de un niño. Los niños son verdaderamente los únicos seres en este planeta que están atentos todo el tiempo. Míralos cuando juegan y les hablan a sus amigos, incluso a los amigos imaginarios. Siempre están tan absortos en lo que hacen en ese momento que a veces es casi imposible captar su atención. En lugar de sentirnos frustrados (sobre todo después del décimo llamado a la cena), esto debería inspirarnos. Los niños saben que nosotros estamos presentes cuando nuestras mentes están concentradas en algo agradable. Su risa es contagiosa y terapéutica. Como dice el dicho: «La risa es un remedio infalible».

Tal como les he venido diciendo a lo largo de este libro acerca de las enseñanzas que deberíamos pasarles a nuestros hijos, esta es una enseñanza que ellos nos pueden dar porque están excepcionalmente dotados para ello. Hay mucho que podemos aprender de los niños, y ésta es para nosotros una de sus enseñanzas más importantes. Esto ha llevado a que este libro sea como un círculo, desde el consejo de una madre a su hija hasta llegar al consejo de una hija a su madre.

Cierro este capítulo con un mensaje para Ray: siempre enseñaré a mis hijos y a otros a vivir la vida como tú lo hiciste, con entusiasmo por la vida, con amor inagotable, con una eterna felicidad y lo más importante, viviendo en el presente, para el momento, y sin un solo lamento. Ray, te echo de menos, te amo y te dedico este dicho: «El cielo es donde estarás cuando te sientas bien donde estás ahora».

APRENDE INGLÉS

Sé positivo y concéntrate en el poder del presente. Vive el momento. Da gracias por las personas y los acontecimientos de los que disfrutas hoy. Sin pensar en el ayer o en el mañana.

Capítulo veinte
Vivir los dichos

«Del dicho al hecho hay mucho trecho».

Todo este libro ha querido ser un instrumento simbólico para transmitir los valores que nos dan nuestros padres. Los dichos y los proverbios comunican los valores y tradiciones de la familia, moldeándonos y definiéndonos. A través del libro, espero que se haya podido ver cómo los dichos que he seleccionado representan y encarnan el material al que se refieren todas y cada una de las secciones. Elegí los dichos y trozos de la sabiduría familiar que tienen mayor valor para mí personalmente y que han tenido el mayor significado en mi vida. Los dichos enseñan y orientan respecto a las cosas más importantes en la vida: la familia, las relaciones, la identidad, y que lo más importante es ser siempre fiel a uno mismo.

Entonces, ¿para qué reinventar la rueda que

nuestros antepasados crearon? Desde luego, que tenemos que crear nuestras propias identidades personales en la vida, pero no hay nada malo en admitir que una gran parte de nuestra identidad nos viene de nuestros padres y abuelos. Cuando la gente dice: «debes encontrar tu propio camino en la vida», no se hace trampas cuando se valoran las tradiciones de la misma forma en que las aprendiste de tus antepasados.

He aprendido mucho al escribir este libro y evocar la maravillosa sabiduría que he recibido de mi familia a lo largo de los años. Uno de mis dichos favoritos, y el que mejor describe las enseñanzas que aprendí durante este proceso, es «del dicho al hecho hay mucho trecho». Mientras escribía los primeros capítulos de este libro, caí en la cuenta súbitamente de que, a lo largo de los años, había olvidado la mayoría de estas maravillosas enseñanzas. ¡He estado trabajando duramente para ser perfecta en mis otros papeles: profesional, madre, esposa, hija, etc.! Soy culpable de haber mezclado todos estos papeles en uno, sin tomarme el tiempo en disfrutar cada uno por separado. ¡Necesito mis propios consejos! No tengo por qué ser infalible en todo, dondequiera y en cualquier momento. He aprendido que soy un ser humano y puedo cometer errores. No tengo por qué siempre hallar todas las soluciones. Atesoro lo mucho que he aprendido, pero todavía debo aplicarlo más a mi vida. Escribir este libro ha sido un verdadero despertar en todos los aspectos de mi vida. Todos los días me hago el propósito de recordar todo lo que mis padres me han enseñado y pensar en nuevas formas de emplearlo. ¡Espero que haber escrito este libro me haga mejor en todos mis papeles, incluyendo el de ser humana, con defectos y todo!

Ahora, estoy intensamente consciente del poder y el conocimiento que tengo, y de cómo emplearlos para ver la vida en una forma más positiva y plena. Si pudiera seguir mi propio consejo, relajarme y escuchar las cosas que les digo a los demás, sería una mejor persona. También estoy agradecida por la vida que tengo, una vida basada en la tradición, creada por el trabajo duro que muchas otras personas han hecho. No puedo dejar de decir que provengo de una familia muy ambiciosa, con una fuerte base moral que sé que nunca me fallará. Por ello, tomo lo bueno y lo malo, porque lo bueno empequeñece a lo malo. He aprendido a no mirar las cosas como factores negativos en la vida.

La intención original de este libro fue la de seleccionar los dichos que más me han impresionado y guiado en la vida y que mi familia, en particular mi madre, me transmitió; interpretar esos dichos y traducirlos a un consejo sólido. Al final de este viaje, al contemplar éste, mi primer libro, me parece que quizás fui más allá de mi intención original. Lo que sucedió al final es que, a medida que me desplazaba de una lista a otra de dichos que recordaba y otros aportados por mi madre, me di cuenta de las profundas conexiones y significados de estos dichos y refranes. Observé su relación con la historia, la sociedad de hoy, mis propias historias de familia, nuestro pasado cultural, y cómo todo esto puede ligarse con la vida de cualquier lector, desde el hogar a la oficina y hacia el futuro.

He aprendido que mientras más uno envejece, más joven uno se vuelve. Mientras más se envejece (mientras más profundamente me dedicaba a escribir este libro era como envejecer un poco), más se comprende que en la vida solamente se necesita lo básico. He aprendido, a medida que envejezco, que las cosas más valiosas de la vida son las más simples, las que no cuestan nada. Por cierto, éste ha sido un viaje de sencillez y lucidez. En algún momento, dentro de las complicaciones de escribir este libro, clasificando todos los dichos, proverbios y sabiduría cultural, se me han ido simplificando los mensajes más valiosos e importantes de la vida. En medio de todo ello, he aprendido que nuestro corazón y nuestro instinto siempre tienen la razón. Este es un proceso continuo: aprender, aceptar y vivir los dichos. Es un ciclo diario y constante. Nunca hay un paso final o con carácter definitivo en esta sabiduría. Siempre hay algo nuevo que debe hacerse y aprenderse en la vida. Al igual que nuestros hijos, deberíamos aprender algo cada día para ser mejores nosotros mismos y comprender la vida un poco mejor. Los animo a que compartan éste viaje de sabiduría con sus hijos. Lleven este mensaje sobre la importancia de los dichos o de su propia sabiduría cultural a las futuras generaciones de su familia, de forma que ellas puedan hacer lo mismo; así, este núcleo cultural no morirá nunca.

¿Cuál ha sido tu experiencia personal al leer este libro? ¿Te recordó tu propio viaje a través de la vida y la sabiduría que tu propia familia te ha transferido (o al menos trató de hacerlo)? Tengo la esperanza de que, al menos, hayas descubierto lo que es más importante acerca de tu vida y qué define, tu propia e inigualable identidad. Tal vez ya conocías sobre tu propia identidad, pero nunca supiste el don que representan tu idioma, tus padres, la grandeza de tu familia, etc. ¿Cuáles son las buenas cosas en tu vida por las que vale la pena luchar? Espero que sean cosas buenas y valiosas acerca de ti mismo, espero que estén en tu corazón y que estén relacionadas en alguna forma con las tradiciones de tu familia.

No importa a qué raza o sexo pertenezcas, o en qué parte del mundo vivas; es fácil comprender qué es lo más importante en cada cultura: la familia. El núcleo de cada comunidad y el núcleo de nuestra esencia como seres humanos, desde el inicio de los tiempos, desde el nacimiento hasta la muerte, gira alrededor de la familia. Cuando desvalorizamos la importancia de la familia y tratamos de hacerla aparecer como un hecho casual, negamos una verdad universal que ha resistido la prueba del tiempo. Cuando escribía los capítulos sobre la familia, aprendí sobre todo que la idea de que la familia es «casual» parece estúpida y es, definitivamente, dañina para cualquier sociedad donde este sea el punto de vista mayoritario. Mi deseo para ti, como lector, es que comprendas esto y fortalezcas la sociedad al fomentar tus propios lazos familiares. Si nosotros, como familias, no somos superficiales, entonces la sociedad tampoco lo será. Todo comienza en nuestros hogares. Si de alguna forma podemos reconocer que todas las culturas y personas tienen el mismo núcleo familiar que nosotros, entonces nos miraríamos unos a los otros como algo más que simples extraños. Todo consiste en el vínculo individual básico con nuestras familias. El mundo es realmente un campo de juego uniforme cuando los valores familiares y las tradiciones forman parte de ese campo.

Si estás perdido en la vida, espero que este libro te haya dado algo con lo que puedas relacionarte y en lo que puedas creer. Un núcleo que te conduzca de nuevo hacia ti mismo. Ojalá que esto te inspire a volver a atrás y a vincularte con tu propia familia, tu cultura y tus ancestros, de una forma que nunca hubieras creído posible. Espero que ahora comprendas que ellos siempre te han estado esperando.

POST SCRÍPTUM
CARTA A SOFÍA

Querida Sofía,

Espero que te des cuenta de que, verdaderamente, tú eres una inspiración para mí. Tú me has ayudado a darme cuenta de lo que es más importante en mi vida, que no es cuánto tengo, sino cuánto puedo hacer. Lo que de verdad importa es cómo se hacen las cosas. He aprendido que cuando cometo errores, lo siento más por ti que por mí misma, porque es muy importante que tú estés orgullosa de tu mamá. Me has enseñado a reír de verdad y a divertirme más conmigo misma. Me has enseñado a vivir el momento, a disfrutar del pedacito de galleta que cae en mi «taza de café». Me has recordado que debo ser verdaderamente fiel a mí misma y ser feliz. Es el contacto contigo y tu rostro lo que me hace sentir mejor cuando tengo problemas. Como madre, tengo un sentimiento abrumador de amor y admiración por ti. Tú eres quien me dice con tus palabras y acciones «todo está bien, mami», cuando no estoy segura de que sea así. Es ese sentimiento de amor total y alegría, que yo no sabía que existía realmente antes de tenerte. Es una forma diferente de amor.

Algún día, cuando seas madre, tú también entenderás cómo tener y criar a un niño te puede llenar tanto. Esto hace que la vida complete su ciclo. Serás un ser humano completo cuando tengas una persona más joven de quien ser responsable. Todo lo que hagas y lo que digas, se reflejará en esa personita, que será también un espejo de ti misma. Miro a través de la sencillez de tus ojos y veo que te has convertido en mi maestra y yo en tu alumna. Me has hecho valorar las cosas más básicas de la vida. Cuando tropiezo, me haces mirarme en el espejo cada día y asegurarme de que sigo el camino correcto.

Estoy aquí como educadora, tratando de enseñarte lo básico de la vida: modales, valores, principios morales, etc. Y mientras te educo, me reeduco a mí misma en los aspectos básicos de mi vida. Tú, Sofía, eres la única que podía haber hecho esto por mí. Me has dado ánimo para mirarme a mí misma y mejorarme.

Espero que te des cuenta de que en este libro hay mucho para ti: tu historia y tu identidad. La sangre conlleva amor y tradición. Espero que algún día puedas aprender a vivir con los mismos dichos que mi madre me enseñó y que yo te enseñaré. Eres alguien que tendrá mucho que ofrecer gracias a tu cultura, que debes estar orgullosa de ella y que siempre será para ti una fuente de confianza en ti misma. Al conocer todos estos significados habrás ganado una buena parte de la batalla y llevarás una ventaja en la vida. «Con el corazón en la mano», espero que este libro te enseñe a estar más segura que nunca de ti misma, de tu identidad y de tus propósitos.

Un beso,
Mamá

CARTA A NUESTRA
HIJA CRISTINA
DE ARACELLY Y DARÍO PEREZ

A nuestra querida hija Cristina:

Una vez que aceptamos nuestra mortalidad y el hecho de que nos espera una vida mejor en el más allá, para nosotros es importante saber que influimos en tu vida y en las de tus hermanos, así como en las vidas de nuestros nietos y todas aquellas personas con las que hemos convivido. Nos sentimos muy orgullosos de haber cumplido nuestra misión y estamos seguros de que Dios, por medio de su guía y orientación, nos hizo dignatarios y representantes de su vida y de su obra.

Ambos logramos nuestro sueño: el «sueño americano». Fue difícil, pero no imposible. Ahora tu padre y yo alcanzamos a comprender lo que hemos logrado y nos

273

maravilla. ¿Cómo pudimos hacerlo? Finalmente, les debemos nuestro éxito a nuestros padres, a ti y a tus hermanos, que han sido el centro de nuestras vidas.

Cuando éramos niños en la Sudamérica de los años cuarenta, lo común era que nuestras madres fueran amas de casa y sobre ellas recaía la responsabilidad de educar a los hijos. Miguel de Unamuno dijo: «No sé cómo puede vivir quien no lleve a flor de alma los recuerdos de su niñez». Nuestra infancia estuvo llena de reminiscencias maravillosas que nuestros padres fraguaron. Y los dichos eran una de las herramientas que entonces empleaban para educarnos e instruirnos. Puede que ellos no fueran conscientes de ello, pero cuando nos enseñaban estos dichos nos inculcaban sabiduría popular y tradiciones.

Un dicho es una palabra o un conjunto de palabras por medio de la cual se expresan sentimientos o ideas. O sea, como un proverbio. Los dichos son ingeniosos, en cuanto a que siempre transmiten una lección valiosa. Un refrán es una expresión popular que conlleva un mensaje con moraleja. Los dichos y los refranes son la suma del conocimiento humano acumulado a través de los siglos. Es fundamental expresar la verdad en los dichos y refranes. Los has escuchado miles de veces en boca nuestra, de los abuelos y familiares. De manera inconsciente, llegaron a formar parte de tu vida y te sirvieron de guía tanto en los buenos como en los malos tiempos. Algunos de nuestros dichos y refranes favoritos son los siguientes:

El que entre la miel anda,
algo se le pega.

Dime con quién andas
y te diré quién eres.

Con la vara que mides, serás medido.

Haz bien y no mires a quién.

Árbol que crece torcido,
nunca se endereza.

Al rememorar nuestra infancia, tendemos a creer que, en un principio, no los comprendíamos y no entendíamos su significado. Pero a medida que nos hicimos mayores y más sabios al enfrentarnos a la vida, la recuperación de estos dichos hizo posible que te los enseñáramos tal y como nuestros padres hicieron con nosotros. A través de los dichos, hemos tenido el privilegio de enseñarte a ti y a nuestros nietos la sabiduría de nuestros antepasados y nuestras propias vivencias. Con esta y otras muchas tradiciones, esperamos haberte traspasado la importancia de los fuertes lazos familiares que nos unen a todos. Y, sobre todo, lo fundamental que es reforzar los principios básicos de la vida: el amor, la honestidad, el respeto, la confianza, la protección de la familia y ayudar a quienes no han tenido la misma fortuna.

El amor que tus abuelos nos brindaron, sus sacrificios y los valores morales que transmitieron, nos han servido para confrontar y superar infinidad de retos a lo largo de la vida. Irónicamente, hubo etapas en que resultaba más fácil lidiar con los momentos difíciles porque sabíamos que, independientemente de lo que sucediera, acabaríamos triunfando, precisamente por lo que nos habían enseñado. Gracias a sus firmes tradiciones, su coraje y entrega, nosotros podemos decir con orgullo: «Papá y mamá, somos la prolongación de sus vidas y las extenderemos para siempre».

Ahora sabemos que los dichos eran el instrumento perfecto para hacerte reflexionar sobre situaciones cotidianas. Los dichos enseñan a pensar antes de actuar y, al comprenderlos, podemos analizar racionalmente, lo que nos da ventaja en la vida. La sabiduría familiar que se trasmitía con los dichos moldeó nuestras vidas de manera profunda. Tus abuelos nos infundieron una sólida base moral. Además, dedicaron todo el tiempo del mundo a nuestro bienestar y nos brindaron su amor incondicional y sacrificios, así como la oportunidad de tener a nuestro alcance la mejor educación posible. Podemos afirmar con orgullo que su ejemplo influyó en la forma en que te criamos a ti y a tus hermanos.

Siempre has sido muy inquisitiva, Cristina, y has querido saber más sobre todo lo que te rodea. Desde la infancia, te fascinaron los dichos y sus mensajes. Fue idea tuya la de aprovechar los dichos en tu vida diaria y te pareció natural escribir un libro sobre tu experiencia personal. En él, señalas lo que cada dicho significa para ti y cómo cada uno de ellos afecta tu vida.

Creemos que tus antecedentes, tu formación y tus fuertes lazos familiares te confieren de manera singular un sólido cimiento. Tampoco pasamos por alto que tu inteligencia, arrojo, decisión y motivación para siempre ir un paso más allá, han conformado tu ímpetu y tu carácter. Estas cualidades te han impulsado a hacer realidad tus sueños y ser una triunfadora. Pero lo que verdaderamente ha alimentado tu espíritu es la compasión que sientes por otros y tu fe en la bondad de los demás. Tu candidez, simpatía y pasión. Tu rotunda lealtad y sentido del humor. Todas estas cosas te han hecho una excepcional mujer, hija, hermana, amiga, esposa y madre. Nos sentimos orgullosos de tus logros y de lo que el futuro te depara.

Te amamos,

Papi y Mami

CON CARIÑO

Muchas gracias a la Asociación Estadounidense de Abogados de Inmigración y a la Fundación Estadounidense de Leyes de Inmigración.

A Johanna Castillo, mi editora en Simon & Schuster/Atria Books, por brindarme la oportunidad, el apoyo, la guía, el ánimo y, además, por creer en mí y en que hay un público para este libro.

A Judith Curr, vicepresidente ejecutiva y editora de Simon & Schuster/Atria Books, por su sinceridad y por tener fe en una autora novel como yo.

En especial, quiero darle las gracias a mi amiga Christine Whitmarsh, cuya creatividad me motivó. Sin su iniciativa, nunca habría pensado que yo era capaz de escribir un libro. Fue ella quien me enseñó que, tal y como me lo dictaba el corazón, hacerlo era cuestión de proponérmelo.

A las muchachas de mi oficina. Gracias por apoyarme.

Le doy las gracias a mi amigo Enrique Arévalo por su generosidad a la hora de confiarme su experiencia de inmigrante en Estados Unidos, con el propósito de que diera a conocer su historia y sirviera de inspiración a los demás. Él sabía que poner por delante los intereses de los demás revierte en el bien de todos y que, como inmigrante, podía mostrarle al mundo cómo un individuo puede generar cambios.

A Lori Jo, por enseñarme cómo la amistad debe perdurar a través de los años.

Gracias a mis amigos de la escuela de derecho, Karen y

Toni, por recordarme que la amistad necesita ser cultivada diariamente.

Gracias a mi amiga Chula por no dejar de creer en mí. Ella representa una constante fuente de aliento, lo que demuestra que, en realidad, la amistad es una persona dividida en dos almas. Chula encarna a la perfección uno de mis dichos favoritos «la amistad es un alma repartida en dos cuerpos».

A «Ya-Ya». Gracias por facilitarnos la vida y por tu ánimo constante para que me pusiera en marcha.

Gracias a mi prima, la doctora Ángela Arango, por recordarme que todo lo que brota de nuestros corazones y personalidades corre en nuestra sangre. También me ha enseñado que los regalos más preciados que poseemos son aquellos que llevamos por dentro. Gracias, Angie.

Gracias a mi prima Nat por mostrarse tan solidaria con todo lo que emprendo. Siempre está dispuesta a sobrellevar más presión y estrés, con tal de que yo avance en mi carrera. Ella es la personificación del verdadero triunfador: aquel que siempre ayuda a otros a tener éxito.

A Humberto Gray, mi mejor amigo y maestro. Te doy las gracias por haberme enseñado el verdadero significado de la amistad y por tu guía e inspiración. Me has hecho creer que puedo hacer todo aquello que me proponga.

Mis más sincero agradecimiento a mis hermanos Claudia y José, dos faros en mi vida. De alguna manera, este libro se escribió para ellos y sobre ellos porque los tres somos producto de Darío y Aracelly Pérez. ¡Todos para uno y uno para todos! Les estoy muy agradecida por haberme apoyado siempre y por el privilegio de ser su hermana. Ambos están tan orgullosos de mí como nuestros padres, un sentimiento que manifiestan desinteresada e incondicionalmente.

En especial, le doy las gracias a mi hermana Claudia por ser un ejemplo de cómo debe ser una madre y una mujer bella por dentro y por fuera.

A todos los miembros de mi familia, pues ellos son símbolo de la cultura que me transmitieron y constantemente me han enfatizado la importancia de vivir apegada a nuestras tradiciones. Mi familia me obliga a tener presente lo que verdaderamente importa, y por tanto les doy las gracias a todos y cada uno de ellos.

A Jo Jo, por compartir tan generosamente su contagioso

entusiasmo y por traer las risas y el buen humor a nuestro hogar.

Le doy las gracias a mi esposo. Mi compañero en la vida. Es cierto que Christopher es el típico hombre machista, pero eso no ha impedido que me anime a superarme cada día. Nunca ha temido que mis posible éxitos pudieran hacerle sombra. ¿Acaso se trata de un caso de verdadera autoestima o confianza en sí mismo? Yo lo califico de amor verdadero.

La escritura de este libro fue un proceso de redescubrimiento de mi persona y de aquello que verdaderamente tiene valor para mí. También ha constituido otras muchas cosas: una renovación de mi aprecio por los que me rodean, sobre todo mis padres. Cuando al principio les hablé sobre la posibilidad de escribir este libro, me ofrecieron su apoyo.

Al igual que otras personas con padres excepcionales, podría llenar una estantería con volúmenes de las lecciones que aprendí de ellos. Y aunque este libro sólo representa una pequeña porción de sus enseñanzas, se trata de una verdadera celebración de todo aquello que nuestros progenitores nos enseñaron a mí y a mis hermanos. En última instancia, debo mi gratitud a mis padres, Darío y Aracelly Pérez, porque ellos son la raíz y el origen de todo lo que he aprendido en la vida. Por ello, siempre los querré y les estaré agradecida.

BIBLIOGRAFÍA

Childress, Sarah. «Made in America: Watch out, Bill Gates. Women who immigrate to the West are finding success in their new homelands by starting their own businesses». Semanario *Newsweek*, 14 de noviembre de 2005.

Cisneros, Sandra. *Caramelo*. New York: Vintage, 2003.

Correa, Molina Hernando. *Refranes y modismos antioqueños*. Medellín: Editorial Lealon, 2004.

Londoño, Agustín Jaramillo. *Testamento del paisa*. Medellín: Susaeta Ediciones 1988.

Nava, Yolanda. *It's All in the Frijoles*. New York: Simon & Schuster, 2000.

Pearce, Susan C., Ph.D. «Today's Immigrant Woman Entrepreneur». *Immigration Policy in Focus*, Volumen 4, Edición I. American Immigration Law Foundation: enero de 2005.

Pérez, Aracelly. *Dichos con los que criar tres hijos*. The House of Aracelly, 1968–presente.